BLUE BOOK OF DIGITAL CURRENCY

数字货币蓝皮书

(2020)

朱嘉明　李晓◎主编

柏亮◎执行主编

中国工人出版社

指导单位：
横琴新区金融服务局
中国投资协会数字资产研究中心

研究单位：
数字资产研究院
横琴智慧金融研究院
零壹财经·零壹智库

主　编：
朱嘉明　李　晓

编　委：
朱嘉明　李　晓　黄江南　张永贵　池腾辉　王新峰
王　倩　丁一兵　周佰成　邵学峰　黄云础　柏　亮
于百程　赵慧利

执行主编：
柏　亮

执笔团队：
蒋照生　孙宇林　赵　越　林泽玲

目 录

导　言　数字货币——从边缘到中心

数字货币是不同于传统货币生态的新物种／1

数字货币的内在性演进／4

数字货币的外延性演变／6

数字货币实现从边缘到中心的基本原因／10

数字货币对全球货币金融体系和货币政策的影响／17

对于数字货币的历史总结／20

第一章　数字货币总论

第一节　常见数字货币的分类／3

第二节　数字货币发展历程／9

第三节　全球区块链及数字货币领域的投融资情况／41

第二章　去中心化数字货币

第一节　去中心化数字货币市场的规模／47

第二节 去中心化数字货币市场产业链条 / 54

第三节 去中心化数字货币发展面临的问题 / 62

第四节 去中心化数字货币市场未来发展趋势 / 66

第三章 机构数字货币

第一节 机构数字货币兴起的原因 / 74

第二节 机构数字货币发展的关键节点 / 77

第三节 机构数字货币的主要应用场景 / 82

第四节 机构数字货币发展面临的问题 / 86

第四章 法定数字货币

第一节 全球各国对法定数字货币的态度及研发进展 / 91

第二节 为何选择法定数字货币？七项优势及五大挑战 / 98

第三节 常见的法定数字货币设计模式 / 101

第四节 法定数字货币对现有货币经济体系的影响 / 105

第五章 数字货币的监管之路

第一节 全球面临的数字货币监管难题 / 111

第二节 各国的数字货币监管模式 / 114

第三节 全球主要国家监管内容和动态梳理 / 118

第六章　开放金融 DeFi

第一节　DeFi 相关基本概念 / 141

第二节　DeFi 发展现状 / 143

第三节　当前 DeFi 面临的挑战 / 152

第四节　DeFi 与传统金融市场的关联 / 154

第七章　Libra 的前世今生

第一节　Libra 的基本情况 / 160

第二节　Libra 对全球货币金融体系的影响 / 167

第三节　Libra 对全球监管的挑战 / 171

第四节　Libra 对中国的影响与应对 / 175

第八章　中国法定数字货币

第一节　中国法定数字货币的定义 / 181

第二节　为什么要推出法定数字货币？/ 184

第三节　中国法定数字货币的研发历程 / 187

第四节　中国法定数字货币的发行与运营体系 / 190

第五节　中国法定数字货币的应用场景 / 205

第九章　数字货币的宏观影响

第一节　数字货币对全球货币经济体系的影响 / 212

第二节　数字货币对中国宏观经济的影响 / 217

第十章　数字货币未来预测和展望

第一节　去中心化数字货币的未来展望 / 232

第二节　机构数字货币的未来展望 / 236

第三节　法定数字货币的未来展望 / 240

第十一章　数字货币市场发展建议

第一节　用户端：树立正确认知，避免投机盲从，提升风险防范意识 / 248

第二节　产业端：加强技术创新，寻求合规路径，推动行业自律 / 250

第三节　学术端：深入理论研究，提供政策建议，加强人才培养 / 252

第四节　监管端：维持金融稳定，借鉴先进经验，寻求创新与监管的平衡 / 253

附　录　数字货币对宏观经济的影响与展望

探讨数字货币对宏观经济影响的思路__朱嘉明／261

新冠肺炎疫情可能对数字货币发展的影响__李　晓／267

数字货币与中央银行的金融治理__王　倩／270

数字货币作用于经济生活的三个层次__何　平／276

数字化要素市场的十大特点__孟　岩／279

导　言

数字货币——从边缘到中心

朱嘉明，数字资产研究院学术与技术委员会主席

几易其稿，《数字货币蓝皮书（2020）》终于进入出版阶段。这是数字资产研究院、横琴智慧金融研究院和零壹财经·零壹智库共同研究的成果。全书包括十一个部分，向读者展现了当前数字货币的基本现状、数字货币对宏观经济的影响，以及对数字货币未来的预测展望。特别是，以专论的形式，分别讨论了 DeFi（Decentralized Finance）、Libra（Facebook 主导的数字货币项目）、DC/EP（Digital Currency & Electronic Payment，数字人民币）相关课题。本书是迄今为止关于数字货币最完整的文献资料。

作为主编，我有责任通过序言的方式，将《数字货币蓝皮书 2020》的核心内容从经济学思想的视角加以提炼：数字货币的历史虽然只有十年左右，却实现了从"边缘"到"中心"的历史性转型，改变了原本的货币经济体系、机制和生态。

数字货币是不同于传统货币生态的新物种

不论经济学家关于货币起源的学说如何纷纭复杂，但是迄今为止，关于货币史上已经存在过的以及现存的货币形态几乎没有

分歧。（1）物理（实物）形态货币。贝壳、铜铁、黄金、白银等都曾充当过货币。尤其是金银等贵金属由于具有易携带、价值高、不易变质，且易于分割计量等特性，在历史上的很长时间中扮演着世界性通货角色。（2）信用形态货币，其物理形式主要是没有价值的纸币。基于国家信用的法币，即信用货币，具有政府强制性和排他性。当今世界各国几乎都采用这一货币形态，是当代货币体系的核心。当然，在信用货币历史上，信用货币的发行机构，除了政府的央行之外，也可以是企业，甚至是个人。

在实物货币形态和信用货币形态之间，存在着历史演化的轨迹。20世纪30年代世界性经济危机所引起的经济恐慌和金融混乱，迫使西方国家先后脱离金本位和银本位，国家所发行的纸币不再能兑换为金属货币，信用货币应运而生。

2008年比特币白皮书问世，很快比特币落地，数字货币自此发端，并在随后十年左右的时间内形成自身的体系。数字货币属于以技术为基础且通过人为设计的货币，是实物货币和信用货币之后的第三种货币形态。数字货币的经典存在形式是可视字符串，或者说是一连串的密码编码。下面就是以可视字符为形式存在的比特币地址：

123456789ABCDEFGHJKLMNPQRS　　TUVWXYZabcdefghijkm-nopqrstuvwxyz。

所以，数字货币是技术形态的货币，是不同于实物货币和信用货币的另类货币。数字货币与实物货币和信用货币并不存在任何历史渊源和逻辑关系。《数字货币蓝皮书2020》追述了数字货币的发展历程，强调了"密码朋克"的重要性，并将1996年作为数字货币历史的里程碑年份："以 1996 年为起点,之后每年几乎都会有关键性技术问世,驱使历史的车轮无限逼近比特币。""关键性技术"包括哈希算法、分布式账本、权益证明、工作量证明、点对点（P2P）技术等。这些"关键性技术"的深层基础是"新密码技术"。所以,在 1998 年已经出现"加密数字货币"概念。十年之后,比特币最终实现加密数字货币的设想,成为一种基于密码编码、通过复杂算法产生、不依靠任何特定货币机构发行、不受任何个人或组织干扰的非中心化"货币"。进一步说,"比特币利用点对点传输、共识机制、非对称加密等多种技术,构建了一个去中心化的分布式账本数据库,实时、透明地通过算法进行货币发行交易"。

人们对货币,尤其是数字货币认知的缺陷主要源于,想当然地认为三种货币形态之间存在某些理所当然的递进关系,用对第一种货币形态的认知来理解和解释第二种货币形态,或者用对第一种和第二种货币形态的认知框架来想象第三种货币形态的可能性。数字货币,无论是比特币、以太坊,还是可能未来成为现实的 Libra2.0,抑或法定数字货币,导致货币的内涵和外延都正悄然发生改变,突破教科书上对"货币"的定义。尽管数字货币仍继续使用"货币"二字,却早已不再是古典意义上的货币。这就是公孙龙所谓的"白马非马"问题。①

如果没有第一次世界大战,金本位很可能持续很久；如果没

---

① 英文对于"货币"的表达方式要比中文丰富和严谨,包括：money、currency、coin、fiat money、legal tender。在中文场景中,比较大而化之。例如,Bitcoin 的 coin 还是不同于 money 或者 currency 的。

有2008年的比特币白皮书，很可能现在还没有数字货币。数字货币不是来自传统货币的进化，彼此之间并不存在共同祖先，也不是通过自然选择发生的，更不是传统货币累积微小的优势变异的逐渐改进的产物。数字货币的形成过程与传统货币之间存在"生殖隔离"。所以，数字货币的出现属于货币演变历史中的典型"突变"。借用生物学的语言：比特币开启的数字货币，属于人类货币史上的"新物种"。

作为新物种的数字货币产生后，不可避免地突破和超越此前所理解的货币"内涵"。对于形成数字货币理念与开发技术的"密码朋克"社群来说，他们既没有意愿，也没有可能接受传统货币思想和实践的学习训练。

数字货币的内在性演进

过去十年间，数字货币的发展历史相当精彩。自2009年初比特币诞生后，凭借去中心化和点对点交易等特性吸引了多方关注，并催生了大量新型加密数字货币。《数字货币蓝皮书2020》将数字货币的发展历史大致划分为以下几个阶段：

1. 从比特币到形成非中心化数字货币群体的阶段。非中心化数字货币群体包括：（1）"以太坊及其代币体系"。现在比特币依旧处于中心位置。（2）"分叉币"。例如，比特币分叉币就有BCH、BCH SV、Bitcoin Gold，不一而足。（3）山寨币或者竞争币。最成功的比特币"山寨版"就是莱特币（Litecoin，LTC），莱特币在交易成本、交易速度、资源消耗等方面具有明显优势，被认为是"改良比特币算法最成功的加密货币"。（4）匿名币。最有影响的匿名币门罗币。门罗币被视为现阶段隐匿性最强的加密货币。它使用加密技术来屏蔽发送和接收信息以及交易金额,采取环签名和混淆地址的方式来保证匿名性。在默认情况下,关于门罗币的任何交易细节都是不可见的。(5)具有特定场景的加密数字货币。例如瑞波币(Ripple)和恒星币。瑞波币主要应用场景在于跨境支付。与SWIFT相比,瑞波的交易具有时间短,外汇兑换手续费极低等优势。目前瑞波的服务已经覆盖了27个国家,并与全球200余家银行和金融机构建立了合作关系。

2. **稳定币全面崛起阶段**。在现阶段,无论比特币、以太坊、EOS,几乎所有加密数字货币都存在价格波动剧烈情况,其价值属性难以被认可,无法成为通用支付工具,更多时候还是被视为一种投机(或投资)标的。所以,要想实现数字货币的支付属性,首先需要维持价格稳定,于是稳定币应运而生。目前,公认稳定币分为三类模式:(1)法币储备抵押模式,通过抵押法币,发行与法币价值锚定的稳定数字货币。(2)数字资产抵押模式,通过在区块链的智能合约上质押数字资产,从而发行锚定法币价格的数字货币。(3)算法模式,通过事先设定的算法机制,实现对稳定币供给数量的调节,从而使稳定币价格与法币锚定。在全球范围内,已经出现成百上千种稳定币。稳定币将会成为比特币等民间数字货币和法定数字货币的连接桥梁,稳定币迅速扩张了数字货币版图,其中最知名的稳定币是USDT。2014年底,由Tether推出USDT。USDT通过与美元1:1的锚定和区块链技术,实现自身价格的相对稳定。

3. **机构数字货币发力阶段**。2019年是机构数字货币发展的关键之年。2019年2月14日，美国最大的商业银行摩根大通宣布即将推出摩根币（JPM coin），希望通过摩根币降低客户交易对手风险和结算风险，适应资本要求，实现即时价值转移。除摩根币外，2019年6月18日Facebook公布的Libra项目更是将机构数字货币发展推向新高潮，并且一定程度上改变了此前机构数字货币的固有模式。

4. 法定数字货币进场阶段。法定数字货币是基于国家信用且一般由一国央行直接发行的数字货币。各国政府很早就开始关注比特币等数字货币发展。在相关部门出台有关监管政策的同时，部分国家央行很早就在积极研究数字货币发行的可行性。但直到2018年，各国央行对于法定数字货币的研究还处于概念层面。而从2019年下半年开始，法定数字货币逐步从概念层面发展到实践层面，越来越多的中央银行正在（或将很快）从事法定数字货币研发工作。目前，大约80%的中央银行正在进行法定数字货币的研究，大约40%已经从概念研究发展为实践或概念验证阶段，另有10%已经开发了试点项目。中国人民银行自2014年启动数字货币的研究和试验，截至2020年基本完成DC/EP的技术和政策设计。

以上四个阶段并没有清晰的分界线，存在模糊和交叉的情况。

数字货币的外延性演变

从古到今，人类文明的分布和演变，经济地理，区域发展，空间经济，世界分工，社会体系，国际关系和地缘政治，普遍存

导　言　数字货币——从边缘到中心

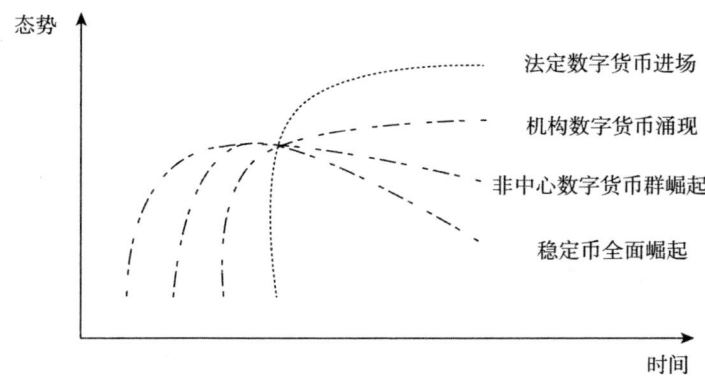

图1　数字货币内在演进的四个阶段
资料来源：数字资产研究院、零壹智库。

在"中心—边缘"的转换现象。边缘和中心是相对的概念。古希腊和古罗马都曾处于人类文明的中心，后来因为种种因素经历了衰退过程而逐渐丧失了中心地位，被边缘化。到了20世纪50年代，阿根廷经济学家劳尔·普雷维什（Raúl Prebisch）首先提出了"中心与外围"，或者"中心与边缘"（The concept of center and periphery）概念。自20世纪60年代末至70年代初，"中心—边缘"分析法，逐渐成为世界经济学家、历史学家、社会学家、政治学家的常用方法。各国之间的贸易流动和外交关系符合这一结构。经济学、社会学、国际关系等学科也都涉及相关理论。[①]

1991年，藤田昌久（Masahisa Fujita）、保罗·克鲁格曼

[①] 1966年，美国区域规划专家弗里德曼（J. R. Friedmann）根据缪尔达尔（K. G. Myrdal）和赫希曼（A. O. Hirschman）等人有关区域间经济增长和相互传递的理论，以及对委内瑞拉区域发展演变研究，出版《区域发展政策》一书，提出了中心—边缘的理论模式。

(Paul Krugman）和安东尼·J. 维纳布尔斯（Anthony J. Venables）共同署名的《空间经济学：城市、区域与国际贸易》一书出版。该书提出了区域经济的核心—边缘（中心—外围）模型（Core-Periphery Model）。模型以核心和边缘作为基本的结构要素，典型的核心—边缘结构就是制造业地区和农业地区。根据核心—边缘模型，垄断竞争、货币外部性和前后向关联效应结合在一起，导致发生突变性集聚的可能性。

过去十年数字货币和传统货币的关系，可以借用"中心—边缘"，或者克鲁格曼他们的"核心—边缘"予以更为清晰的解读。或者说，数字货币与传统货币的关系演变基本符合"中心—边缘"结构。以下是数字货币与传统货币关系演变的三个阶段：

第一阶段（2009—2012年）：数字货币处于信用货币体系的外边缘地带。2009年比特币的诞生，相当于数字货币的奇点。彼时，比特币被认为是属于密码极客的小众运动，一种具有理想主义的思想实验而已，并不具备实用价值和储藏价值。当时的比特币价值与当时全球货币体系总量相比，微不足道，甚至可以忽略不计，处于外边缘位置。如果以宇宙现象为例，传统货币体系是太阳系，数字货币最初仅仅处于太阳系的边缘。

第二阶段（2013—2017年）：数字货币开始"嵌入"传统货币体系，进入边缘地带。这一阶段，传统货币体系缓慢扩张，在比特币价格上升的刺激下，数字货币进入爆发式增长状态。其间以太坊的出现展现了区块链技术的潜力，成为数字货币发展过程中的第二个"引爆点"，数字货币版图呈现加速扩张态势。

第三阶段（2017年以后）：数字货币开始向中心地带演进。

2016年至2017年的首次币发行ICO（Initial Coin Offering）虽然在世界各国严厉监管下，最终势衰，但毕竟扩大了数字货币的影响力。接着稳定币大量出现，不再是脱离实体世界的纯粹虚拟货币类型，价值相对稳定，有别于原生态数字货币价格的波动剧烈。最为重要的是，机构性数字货币开始呈现，且与传统货币体系产生连接和融合。与此同时，传统资本也开始加速进入数字货币和区块链领域，进一步推动了数字货币向整个货币金融体系中心的推进。当各国央行主导的法定数字货币开始研究试验后，标志着数字货币已经实现了中心化的突破。从中长期看，因为数字货币所具有的"张力"，在中心地带的地位不仅会巩固，而且会不断扩大其实质性的影响力。

上述三个阶段的差异见图2：

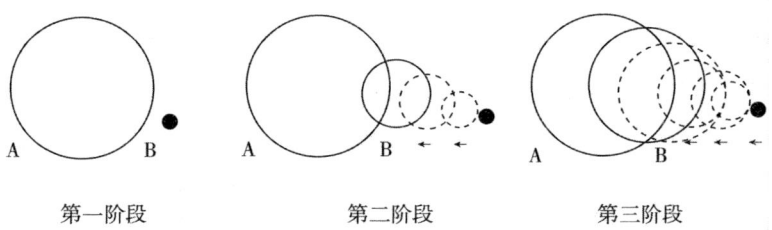

图2　数字货币从边缘到中心的三个阶段
资料来源：数字资产研究院、零壹智库。

显然，通过"核心—边缘理论"分析数字货币和传统货币的关系，清楚地显现了两种形态的货币如何由独自存在、互不关联，到之后数字货币"嵌入"传统货币体系，再从彼此极不平衡状态向相互传递和关联的平衡发展系统演进。

数字货币实现从边缘到中心的基本原因

推动数字货币从边缘向中心演进因素很多，有数字货币本身的原因，也有数字货币的外部原因。主要包括：

1. 传统金融货币体系全面解构。1944年7月，布雷顿森林会议确立了"二战"后以美元为中心的国际货币体系：黄金具有国际储备地位，规定了美元的含金量，美元与黄金直接挂钩，其他货币与美元挂钩。布雷顿森林会议还有两个重要成果：创建国际货币基金组织（IMF）和世界银行（WB）。IMF治理制度基于"特别提款权"机制（SDR），通过向成员国提供短期资金借贷，实现国际货币体系的稳定目标。WB以实现成员国经济复苏和发展为目标，基本手段是向成员国提供中长期信贷。

布雷顿森林会议所确定的国际货币体系仅仅维系到1971年8月。美国总统尼克松正式宣布美元和黄金脱钩，美元与黄金的固定汇率时代结束。但美元在国际货币体系的中心地位并没有因此动摇。1974年12月，美国与沙特阿拉伯货币局签署了一项协议，即原油用美元结算，由此，布雷顿森林体系下的黄金美元，成功地转化为石油美元。美联储继续维系其全球货币中心的"权力机构"，国际货币基金组织、世界银行以及欧洲央行等跨国货币机构成为次中心。进入21世纪之后，美元、欧元、日元、英镑等主要国际储备货币构成继续处于中心地位，只是随着中国等新兴经济体的崛起，中国央行等一些新的主权货币机构和区域性金融组织逐步跻身国际货币的体系，国际货币体系内的协调监督机构及各类货币的地位有所变化。见图3：

导　言　数字货币——从边缘到中心

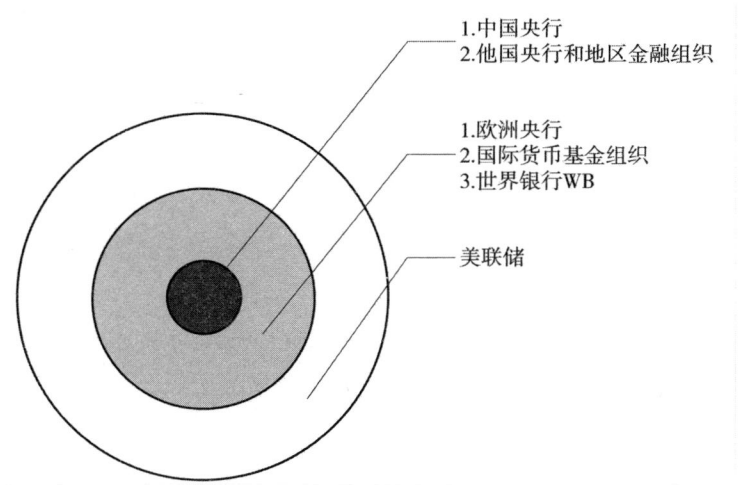

图3　国际货币机构的中心与边缘

资料来源：数字资产研究院、零壹智库。

但是，不论是布雷顿森林会议体制，还是"后"布雷顿森林会议体制，都存在两个制度性的垄断：（1）美元垄断地位。美元的垄断导致世界货币金融资源分配的严重失衡。（2）央行垄断地位。各国央行对于信用货币发行权的垄断，对民众财富的创造和分配形成绝对控制。

上述两种垄断的叠加，最终引发了一次又一次的世界性金融危机，并形成金融危机与货币危机的互动。2008年世界金融危机，加剧了世界货币金融制度的内在矛盾和解构趋势。这样的背景，自然为数字货币的崛起提供了有利的外部环境。

2. 数字货币的理念。 数字货币理念，首先源于密码朋克的理念。其次，数字货币的理念包括了一系列经济学家的追求，早在1976年，经济学家哈耶克（F. A. Hayek）在《货币的非国家化》

一书中，在揭示现有主权信用货币体系的弊端之后，提出用竞争性私人货币来取代国家发行的法定货币，在类似于自由市场中进行自由有效配置，可能会提供更加健全稳定的货币环境。此外，经济学家劳伦斯·怀特（Lawrence White）、尤金·怀特（Eugene White）、休·罗考夫（Hugh Rockoff）等人相继得出相同的结论，即对货币而言，竞争比垄断更有效。弗里德曼也曾提出假设：以自动化系统取代央行，从而实现以稳定速度逐年增加货币供应量，以避免通货膨胀。中本聪创造比特币的初衷，与这些理论和思想内核存在着显而易见的契合。中本聪曾表示："传统货币的根本问题，正是来源于维持它运转所需要的东西——信任。人们必须要相信中央银行不会有意劣化货币，可是法币的历史却充满了对这种信任的背叛。我们相信银行，银行持有并电子化地转移了我们的钱，可是银行却在部分保证金制度之下，通过一浪接一浪的信用泡沫将货币抛撒出去。"因为数字货币的理念和背后的价值观，特别是与生俱来的就是主张货币的非国家化，向民众分享铸币权，具有相当大的吸引力，推动了一个全球性的社会运动。

3. 数字货币的强大生命力和繁衍能力。数字货币经历了"大爆炸"过程，显现了强大的生命力和繁衍能力，几乎每天都有新的数字货币出现，至今已成气候。根据数字货币行情平台 CoinMarketCap 数据，"截至 2020 年 3 月末，全球共有超过 5200 种加密数字货币，总市值高达 1849 亿美元。常见的比特币、以太坊、瑞波币、莱特币等数字货币占据着加密数字货币市场的绝大部分市值。其中，作为目前影响力最大也是最成功的加密数字货币，比特币市值在加密货币市场总市值中的占比更是高达65%左右"。

以信用为基础的法币货币形态，有着高昂的和无法量化的制度成本。在任何主权国家范围内，货币发行只能是政府行为，不存在复制空间。而数字货币具有强大生命力，以及复制和繁衍能力。这种能力与三个原因有直接关系：(1) 技术原因。数字货币基于计算机算法，能实现以极低成本，甚至零成本完成货币创造、流通和交易，准入门槛降低。(2) 数字货币产业链的原因。数字货币和数字货币产业链相辅相成。数字货币的产业链主要包括挖矿、交易和存储（钱包）三个主要环节。(3) 参与主体原因，包括数字货币的所有者。截至2020年3月末，根据bitinfocharts.com的数据，比特币持币地址总数近3000万个，以太坊的地址数量约9200万；基于数字化产业链的具有理工科和技术背景专业人士，以及"码农"和"矿工"等群体也正在积极参与数字货币市场。就年龄而言，以"80后"为主体；就全球分布而言，没有国界限制，没有发达市场经济国家和新兴市场国家，富国和穷国的界限。

4. 传统资本的进入。传统资本进入数字货币领域存在不同模式。(1) 传统金融机构直接发行数字货币。例如，高盛集团、摩根大通、瑞士联合银行等跨国银行均已获得发行数字货币的行政许可。机构数字货币应用场景集中在跨境支付和证券交易。在这两个场景中，应用数字货币的目的主要是解决传统金融系统中存在的效率低下、成本较高的问题。(2) 传统资本投资数字货币产业链，例如交易所。(3) 通过市场，直接拥有比特币或者其他类型的数字货币。

以风险融资为例，据零壹智库不完全统计，在2012—2019年间，全球区块链及数字货币市场共计发生超过1500笔风险融资，公开透露的融资金额高达782.2亿元。其中，2018年是区块链及数字货币领域投融资的"爆发之年"。到2019年，投融资市场逐渐趋于理性，全年投融资数量为543笔，融资金额约238.3亿元，较2018年出现小幅回落（见图4）。

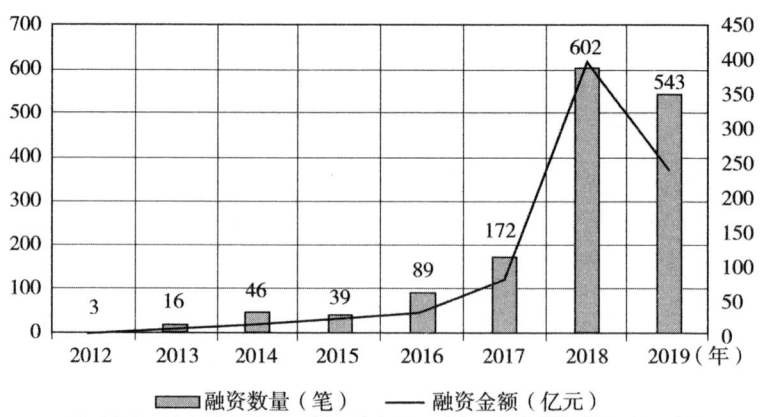

图4　2012—2019年数字货币及区块链领域投融资情况
资料来源：根据零壹智库相关数据绘制。

从具体领域来看，数字货币相关赛道始终最受资本市场青睐。仅2019年，就有超过35%以上的区块链及数字货币市场的投融资最终流向数字货币领域。而数字货币交易所/平台又是其中最吸金的细分赛道，融资金额占全年融资金额的16%左右。除此之外，数字货币钱包、数字货币融资、DeFi等数字货币相关领域也在投融资市场表现活跃。

中美两国近些年在区块链及数字货币领域始终领跑全球，并呈现交替领先的态势。两国2019年在区块链及数字货币领域的投融资数量合计占全球总量的60%以上，合计融资金额更是超过全球总量的70%。欧洲则成为近年全球区块链及数字货币市场投资增速最快的地区。

5. Libra冲击波。2019年6月Libra白皮书发布，宣称Libra属于无国界的数字货币、为数十亿人服务的金融基础设施和"货币互联网"，引发了人们对数字货币前所未有的关注，成为自2009年比特币诞生以来数字货币领域又一大重要事件。Libra被认为是一种超主权数字货币，由Facebook牵头联合28家初始创始机构（截至2020年2月，已有8家机构退出）共同推出，这些机构可以为Libra提供信用背书，并且提供规模巨大且覆盖全球的用户群体。创始机构需缴纳储备金。从白皮书内容来看，Libra体系具有三个主要的特点：管理模式，由独立的非营利性成员制组织Libra协会治理；核心技术，建立在安全、可扩展和可靠的区块链基础上；资产储备，由现金、现金等价物和非常短期的政府证券组成的储备金支持。Libra协会宣称，"希望Libra成为一个不受华尔街控制，也不受中央银行控制的新金融系统的基础设施"。Libra希望通过这样的基础设施，提供覆盖全球的金融交易和转账服务。按照Libra的构想，一旦真正实施，极有可能发展成为在全球范围内被广泛接受的超主权货币，从而对全球各国货币主权、货币政策和金融稳定等带来不小的影响。所以，自2019年6月到现在，Libra受到了多国央行和监管部门的关注，Libra没有停止过与相关国家监管部门的沟通。与此同时，Libra协会继续完善Libra框架和技术的开发。2020年4月，Libra白皮书2.0版本的发布，意味着 Libra 的发展将进入一个新的阶段。虽然至今为止 Libra 的发行仍存在诸多未知数，但是 Libra 的影响力带动了数字货币的整体影响力的进一步扩大。

6. 央行法定数字货币。目前，世界各国对于央行法定数字货币分为三类态度：（1）开放态度。央行积极探索发行法定数字货币的可行性，开展法定数字货币项目的试点工作。以中国人民银行为代表。（2）保守态度。央行关注数字货币动态，并做有限的探索和研究，将发行法定数字货币作为多种解决方案之一，专注于改善现有的支付体系和监管安排。（3）反对态度。央行不认为存在立即发行法定数字货币的需要。

世界各国的央行对于法定数字货币之所以不存在统一的态度，除了各国国情不同之外，还有对于发行法定数字货币的认知差异和如何衡量利弊的差异。[①]因为 Libra 白皮书的发布，推动了世界越来越多的国家关注法定数字货币的战略意义，启动法定数字货币的研发行动。在法定数字货币方面，中国央行是领跑者。2019 年底，中国央行已基本完成了法定数字货币（DC/EP）的顶层设计、标准制定、功能研发、联调测试等工作，2020 年第二季

---

① 国际货币基金组织指出，发行法定数字货币存在七项优势，同时面临五项挑战，各国必须根据实际情况权衡发行法定数字货币的利弊。七项优势是：降低现金管理成本；实现普惠金融；保证支付系统的稳定性；增加市场竞争性和维护市场秩序；应对新型数字货币的挑战；支持分布式账本技术（DLT）的发展；便利货币政策实施。五大挑战是：银行中介地位被削弱；"挤兑风险"；中央银行的资产负债表和信贷配置问题；法定数字货币产生的国际影响需要做进一步研究；中央银行的成本和风险。

度开始进入落地试点阶段。①中国央行为 DC/EP 提供 100% 准备金并进行信用担保，具有无限法偿性（即不能拒绝接受法定数字货币）。DC/EP 是中央银行的负债，其定位是对流通中现金亦即 M0 的替代。

可以充分肯定，虽然央行的法定数字货币与原生态数字货币有着某些根本性的不同，但是，确实代表了数字货币的一个新方向，直接加速数字货币从边缘到核心的进程。

数字货币对全球货币金融体系和货币政策的影响

"相较于传统货币，数字货币具有发行主体多元、发行流通成本低廉、流通速度较快等比较优势。传统货币的发行权由国家掌握，以发行国的国家信用进行背书，再由中心机构（中央银行）集中发行。而数字货币的发行不追求权威性，发行主体是多元化的。在发行和流通成本上，数字货币的信任机制以非对称密码学为基础，使用者可以直接点对点进行可信任的价值交换，不需要通过中心机构，价值交换的摩擦成本基本为零。由于数字货币没有实物形态，也不会产生印刷、运输、损耗、销毁等费用。同时，数字货币非实物流通的特征，也使其流通变得更快。数字货币的出现将对全球货币经济体系以及中国货币经济体系产生一系列的影响。"

1. 数字货币对宏观经济的影响。数字货币的出现，使传统的

---

① "DC" 是数字货币（Digital Currency）的缩写，"EP" 是电子支付（Electronic Payment）的缩写。

投资方式、产业结构、就业模式以及经济组织发生了改变。（1）数字货币改变了资本形态、资本地位和资本主体。集中体现为利息对资本、资本对投资模式的全方位变革，最终会导致投资方式的改变。（2）数字货币使产业结构发生了变化。数字经济、信息经济和观念经济等非实体经济发展起来。（3）数字货币丰富了就业模式。自我就业、合作经济和共享经济逐渐成为主流，丰富了传统的就业模式。（4）数字货币改变了经济组织，主要表现为传统公司形态的逐渐衰落以及企业不断小型化，创业模式不断多元化。面对经济危机常态化，数字货币可能成为实现长期经济复苏的一个选择。

2. 数字货币对全球货币金融体系的影响。数字货币对全球货币金融体系的影响属于"结构性"的和"混合型"的：（1）形成与现行信用货币制度的平行体系。在信用货币制度下，法币体系需要国家信用背书。不论发达国家还是发展中国家，不论怎样的政治制度，都不足以保证国家信用的绝对稳定。一旦国家发生经济、政治和社会危机，不可避免地会传导到国家货币体系。在一些经济落后的国家，国家信用缺失已经常态化，传统货币制度难以稳定。如果引入稳定币和法定数字货币，形成平行货币系统，或将改善当前局面。（2）改变资本流动模式。数字货币在跨境业务方面具有得天独厚的优势。在跨境支付结算时，数字货币作为"交易媒介"可以实现与法定货币的双向兑换。用户可以用法定货币购买数字货币，然后再将数字货币兑换成法定货币，从而影响国际资本流动。此外，法定数字货币相较于现金，更有利于资本流动。当然，与此同时还需要防范不法分子通过数字货币逃避外汇管制，甚至成为洗钱工具。(3) 缓冲汇率波动。在传统信用货币体系下，一些国家可以通过操控汇率变动，直接影响进出口，控制全球资源价格。具备超主权货币特征的数字货币天然具备国际货币的特征，能够避免汇率波动对于经济的影响。

3. **数字货币对国家货币政策的影响**。传统的货币政策基于传统货币经济结构。因为数字货币的出现，数字货币可以直接影响传统货币政策传导机制：(1) 利率。从理论上看，因为数字货币的出现和发展，严重干扰了利率与货币需求的函数关系。在可以预见的近期，央行数字货币将有利于实施零利率、负利率政策。从长期来看，数字货币的供应量不受人为控制，将促使零利率、负利率常态化。(2)"流动性陷阱"。相较于法定货币，去中心化数字货币和机构数字货币功能单一、种类繁多，难以与法定货币的"利率"挂钩，所以，这类数字货币对价格的需求弹性与传统货币差异非常大。加之数字货币具有天然的透明性，难以转换为"投机性"货币需求。(3) IS－LM 模型。IS－LM 模型的核心是利率。数字货币对传统货币体系和宏观经济的渗透，打乱了传统的利率和投资，以及货币需求和货币供给之间的逻辑关系，导致 IS－LM 模型失灵，进而会使以利率作为调节工具的传统货币政策失灵。所以，传统货币政策需要加以改变和调整。

4. **数字货币对美元地位的挑战**。随着数字货币的发展，数字货币在全球货币体系的地位从边缘到中心演变，数字货币世界内部也发生着关于边缘和中心的动态变化。法定货币数字化在更多国家的蔓延，必然构成对传统货币体系的冲击，特别是挑战美元在世界货币体系的"中心"地位。事实上，美联储和货币金融界是有充分认识的。从Libra1.0到2.0的改变，Libra从所谓的"一揽子"方案到以美元为"锚"的转变，有着超越常规监管认知的深刻背景。

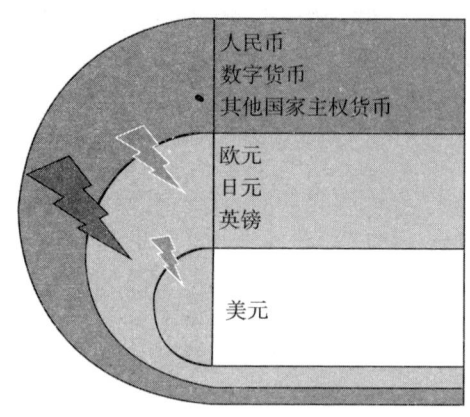

图5　以美元为核心的国际货币体系正受到挑战
资料来源：数字资产研究院、零壹智库。

对于数字货币的历史总结

对于经济史和货币史，比特币和数字货币所经历的十年是太短暂的时间尺度。但是，在过去的十年间，数字货币作为基于技术信任的"新物种"，正逐步实现从边缘到中心的转变，为改变传统货币体系注入了颠覆性元素。不仅如此，在更多的机构和政府入场的情况下，数字货币会进入高速发展时期。

在这个新的时期，"数字货币已经成为数字经济体系一个基本组成要素，正与全球经济金融活动产生互动共融。数字货币的出现不仅使全球货币体系向多元化方向发展，数字货币本身发展也呈现出多元化,从去中心化数字货币到机构数字货币再到法定数字货币,不同类型的货币在数字经济时代,将沿着各自的发展路径,承担起各自的角色,为整个货币体系发展演变贡献自己的张力"。

一个数字货币主导的时代即将到来。

BLUE BOOK OF
DIGITAL CURRENCY

第一章

数字货币总论

货币不断在变化中发展。货币形态的演变在历史上的绝大部分时间里相对缓慢,直到近些年全球市场不断涌现出新的货币概念和货币形态。

从2008年中本聪发布比特币白皮书至今,前后不过十余年,但以比特币为开端的数字货币已经从默默无闻到引起了投资者、企业甚至各国中央银行和其他当局强烈的兴趣与关注。比特币及其之后涌现的各类数字货币,因提供了全新信用创造机制,以基于分布式账本等区块链技术的完全去中心化系统信用,逐步替代此前需依赖商业银行、中央银行等机构的中心化信用创造机制,对现有的信用货币体系造成了一定冲击。

第一节　常见数字货币的分类

数字货币概念至今没有完全统一的定义。我们一般将以数字形式存在,并基于网络记录价值归属和实现价值转移的货币称为数字货币。国际货币基金组织则将数字货币定义为"价值的数字表达"。数字货币的概念范畴十分宽泛,几乎涵盖如今市场上存在的各类电子货币、虚拟货币、加密货币和其他类型的数字化货币形态。

即便如此，现在很多情况下，诸多用户还是会将数字货币简单地同比特币等加密货币混为一谈。但两者之间并非简单的等同关系。加密货币是基于区块链等加密技术创建发行的货币类型，从概念范畴上来看，包含于数字货币范畴之中。目前市场上常见的比特币、以太坊、EOS等数字货币都是加密货币。

比特币出现前，网络社区的兴起还催生了另一类主要用于社区内各种虚拟商品交易的虚拟货币，如网络积分、游戏币等，国内最广为人知的莫过于腾讯Q币。欧洲央行将虚拟货币定义为"被某一特定虚拟社区成员使用并接受的数字货币"。从范畴上看，虚拟货币也可以被视为数字货币的一种。但近些年来，在我国监管部门的相关文件中，提及虚拟货币时通常特指以比特币、以太坊等为代表的不受监管的加密货币。

本书所讨论的数字货币在范畴上与加密数字货币概念更为接近，主要指以区块链技术作为底层或采用区块链技术内核的数字化价值形态。

数字货币目前在国际上缺乏统一分类标准。按美国SEC（美国证券交易委员会）此前分类方法，市场上主要的数字货币（或称Token，代币）可分为实用型代币（Utility Token）和证券型代币（Security Token）。其中：

实用型代币主要由企业发行，用来资助相关项目开发进程。实用型代币的价值由代币未来的利用率决定。实用型代币可以进一步分为：产品服务中使用的代币和奖励型代币，主要用于对使用公司产品或服务的奖励或优惠折扣。

证券型代币通常是由一定资产支持的，比如股票、公司股份或者商品。证券型代币持有者可以被授予公司所有权或者股份，可用来支付股息、分享利润、支付利息或者投资其他代币或资产，为代币持有人创造利润。在美国，证券型代币受到联邦法规的约束，美国证券交易委员会也制定了相关准则来判断数字货币是否归属于证券型代币范畴。

美国证券法和证券交易法规定，以下三类投资产品被归纳为证券：

（1）普遍被认为是证券的投资产品，如公司股票、债券等；

（2）其他被指定为证券的投资产品，如石油、天然气和其他投资标的的收益权；

（3）其他所有被政府部门认定具有证券性质的"投资合同"。

三类中前两条的定义范围较为清晰，针对第三条中的"投资合同"，美国提出认定的四大条件，即豪威测试（Howey Test）。符合豪威测试的条件，即被归类于证券型代币范畴：①资本投入；②投资于一个共同事业；③期待获取利润；④不直接参与经营，仅仅凭借发起人或第三方的努力。

一般情况下，权益类代币和资产类代币都被认为属于证券型代币范畴。权益类代币就是代表公司的股份和债务的数字货币；资产类代币则通常与现实世界的资产联系在一起，例如房地产和黄金等，投资者通过投资代币可以投资现实中的资产，并且由于代币的可切割性更好，极大提高了投资灵活性。

除了以上四类代币之外，还有层出不穷的应用型代币处于模糊不清的边界，尚未划定具体范围，监管机构的态度也暧昧不清。所以基于这种分类标准对数字货币进行划分难以面面俱到。

所以，本书选择的方式是，按照数字货币发行主体信用程度的差异，将市场上存在的数字货币分为三大类别：由民间发行的、基于区块链技术的、去中心化/半中心化数字货币；由商业机构（金融机构为主）发行、多基于区块链技术、以内部生态循环使用为主的机构数字货币；以及由各国政府央行发行、多基于国家主权信用、作为国家法币的组成部分或补充的法定数字货币。这一分类标准目前虽显得有些粗糙，但能较好覆盖市场上已出现的各类数字货币。

1. 去中心化数字货币

这类数字货币基本上在以加密技术为基础的区块链系统内运行流通，基于各类加密共识算法运作，具有可控匿名、可溯源、不可伪造等特征，因而也经常被称为加密数字货币。虽然这类数字货币项目可能并非完全去中心化，但由于中心化程度难以明确区分，故而本书不在概念上过多纠结。我们统一将基于区块链技术、由民间发行的数字货币归于去中心化数字货币范畴。

如果根据价值表现形式差异，去中心化数字货币可大致划分为两类：一类是原生数字货币，这类数字货币附着于区块链系统并在系统内运行，其价值无须锚定外部资产，更多依靠算法信任和用户共识，如比特币、以太坊等；另一类是在区块链上发行并用于代表某类外部资产的资产支持型数字货币。

去中心化数字货币是当前数字货币市场的主要种类。以2009年比特币出现为起点，去中心化数字货币市场至今已发展十余年，并已逐步形成完整产业链：从数字货币的一级发行市场（以挖矿产业为主），到二级交易市场（以数字货币交易所为主），再加上数字货币钱包服务商、安全服务商、数据提供商、咨询培训、媒体研究等相关产业链条，都在日益成熟。

据数字货币行情数据网站CoinMarketCap统计，截至2020年3月底，全球共有超过5200种加密数字货币，总市值高达1849亿美元，数字货币交易所/交易平台接近21000家。

2. 机构数字货币

机构数字货币是指由商业机构发行、多数基于区块链技术，并以企业内部和业务场景使用为主的数字货币。

机构数字货币是商业机构在民间去中心化数字货币发展到一定程度后的产物。在比特币等数字货币发展早期，商业机构对于数字货币及区块链多秉持观望态度，直到近些年随着比特币等数字货币的快速发展和区块链技术的日益成熟，商业机构才开始在数字货币领域进行相关实践。

从目前发展情况来看,机构数字货币多用于企业机构的内部生态,价值上需锚定本国或他国强势法币(如美元)。机构数字货币领域的实践尝试,现阶段主要集中在国外。受监管因素影响,国内企业尚不能进行此类实践。

3. 法定数字货币

法定数字货币指法币的数字化形式,是基于国家信用且一般由央行直接发行的数字货币,作为现有法定货币体系的组成部分或补充。国际清算银行在关于中央银行数字货币(CBDC)的报告中,将法定数字货币简单定义为"中央银行货币的数字形式"。

2019年,法定数字货币发展迅速。中国央行法定数字货币"呼之欲出",美英等国加强对法定数字货币的研究力度,G20、G7等多次讨论相关话题,国际清算银行等国际组织也在积极推动法定数字货币发展。

综观数字货币过去十余年的发展,我们可以看到的是:数字货币的发展已成燎原之势。以比特币为代表的加密货币逆势成长,并衍生出与传统货币金融世界平行的数字货币世界;Facebook主导的Libra项目将机构数字货币推向新的高潮,越来越多的企业机构积极布局数字货币赛道;法定数字货币浪潮从2019年开始席卷全球,发展之势已不可阻挡。

第一章 数字货币总论

第二节 数字货币发展历程

为更好理解数字货币,本节将从比特币诞生前的密码朋克运动开始,系统介绍数字货币的发展路程。

1. 从密码朋克到比特币

20世纪90年代,互联网开始兴起,信息传递的速度和效率大幅提升。但在极大便捷人们的同时,互联网的存在也让每个人的信息都暴露在政府等中心化机构的重重监控之下,几近成为毫无隐私可言的"透明人"。

为了追求自由和隐私安全,密码朋克(Cypherpunk)在1993年正式出现。那一年,《密码朋克宣言》发布:"我们的任务是在可能的地方争取自决,在不可能的地方组织乌托邦的到来。如果这些都失败了,那就去加速他的自我毁灭。"

年轻的密码朋克崇尚自由与隐私,提倡使用强加密算法,保护个体自由与隐私安全,反对任何政府规则的密码系统。他们可能容许罪犯和恐怖分子来开发和使用强加密系统,也愿意为个人隐私付出风险,却不肯接受资本与权力制约。

在这篇写于1993年的宣言中,划时代地提及了匿名交易、匿名通信、加密签名和电子现金等概念。"在这个宣扬自由的世界里，你早已经不再自由"，密码朋克带着这样的信仰完成首秀。

密码朋克运动的兴起，离不开密码学的发展普及。20世纪70年代以前，加密技术仍然仅限于军事和情报领域，并不允许民间使用。直到1976年，美国国家标准局（NBS）公布《数据加密标准》，以及同年惠特菲尔德·迪菲和马丁·赫尔曼《新密码技术指南》的出版，才使得密码学开始被民间广泛接触。

《新密码技术指南》是第一本关于密码技术的公共出版物，而惠特菲尔德·迪菲和马丁·赫尔曼提出的非对称加密技术，也成为当今互联网安全的基石。

非对称加密算法与对称加密算法紧密关联。对称加密是指加密和解密过程共用一个密钥，故而也被称为单钥加密算法。密钥是对称加密体系中最重要的信息，一旦密钥丢失，就意味着用户所传递的信息有可能被他人获取。"二战"时期军队的电报就普遍采用对称加密，密码本在其中扮演着密钥角色。而迪菲和赫尔曼提出的非对称加密，将原来唯一的密钥一分为二：一个用于加密，可公开，称为公钥；另一个用于解密，私人秘密持有，称为私钥。甲给乙发送信息，可以使用乙公开的公钥对信息进行加密，而加密后的信息只有利用乙的私钥才能解开，这样就保证了信息最终传递到乙。随后的1978年，李维斯特（Rivest）、沙米尔（Shamir）和阿德曼（Adelman）首次提出非对称加密的实现算法：RSA密码算法。非对称加密思想和RSA

算法的实现是现代密码学发展的开端。

另一件极大促进密码学传播的事件发生在《密码朋克宣言》发布的同一年。1993 年，布鲁斯·施奈尔正式出版《应用密码学》，并在全球范围内发行。当时美国规定，密码学代码只能存储在磁盘上或者以电子形式存在，不允许出口。而《应用密码学》的出版使得美国之外很多国家的密码研究者和爱好者第一次真正接触到商业军用级别的密码学代码，其影响不言而喻。

密码学的普及应用，为密码朋克运动奠定了坚实基础。密码朋克开始探索加密技术和匿名数字货币在个人隐私保护领域的使用与改善。在这个过程中，不断有人设计出各种数字货币系统，并伴随着加密技术持续创新。

大卫·查姆（David Chaum）在密码学界的地位很高，是公认的数字现金发明者，也是密码朋克运动的重要先驱之一。他不仅创造了 Ecash 电子现金体系，还提出了包括盲签名、隐私技术等密码学核心创新。

电子现金系统，主要用以弥补借记卡的持有人被中心化银行掌握消费数据的缺陷。大卫的 Ecash 系统利用密码学技术能够安全地以匿名的方式实现互联网支付，也在当时吸引了包括德意志银行、荷兰银行、Visa 和微软等知名企业的关注，但最终还是因为种种原因走向落幕。

以 1996 年为起点，之后每年几乎都会有关键性技术问世，驱使历史的车轮无限逼近比特币。

1997 年 3 月，密码朋克邮件小组成员收到 26 岁的密码朋克成员、密码学家亚当·贝克发来的关于"Hash cash（哈希现金）邮资计划正式实施"的公告邮件。亚当提出的哈希现金算法机制，是如今无数的电力耗费在比特币挖矿上的根源所在。但他的本意，是为了实现电子邮件的可信，让用户发送电子邮件之前，运算一个数学题。这样可以使用户发送大量垃圾邮件的成本变大。这种思想在之后被哈尔·芬尼（Hal Finney）借鉴用来创造可重复的工作量证明机制（PROW，2004年提出），随后又被中本聪借鉴到比特币系统中。亚当也因此被称为"哈希之父"。

1998年11月，极其注重隐私保护的计算机工程师戴伟（Wei Dai）发布了分布式匿名现金系统B-Money白皮书。"加密数字货币"的概念由此诞生。B-Money之前，不论是中央银行、商业银行或者其他电子支付服务商，都需要使用中心化账簿追踪账户余额，并确定这些钱的归属。在戴维看来，这种方式侵害了用户的自由与隐私，政府等中心化机构能控制金钱的流动，并能监控用户身份。于是，戴维提出了B-Money提案，并推出了两种维护交易数据的方法。

第一种解决方案：

账簿不再由一个中心机构管理，而是所有的参与者都拥有一份账簿副本。每当一笔新交易产生，每个人都同步更新他们手里的账簿。这种去中心化的手段将使任何人都无法阻止交易，同时也保证所有用户的隐私安全。

这种方法与日后比特币采用的分布式账本技术类似，但戴维当时认为这种方法需要很严苛的即时同步、防干扰的匿名广播通道,难以真正应用到实践中。

第二种解决方案:

所有记录都由特定用户组保存。这种方案中,对记录数据进行监管的用户组表现诚实的话,就会获得激励。为此,他们不仅需要把自己的钱存入一个特殊账户中,如果他们表现不诚实,就会损失这笔钱。

这种方法被称为"权益证明"(Proof of Stake,简称 PoS 机制),用户特定组(或主节点)如果试图处理任何欺诈性交易,那么将会失去自己所有的资金。日后很多的加密货币系统采用的都是类似的 PoS 共识机制。

尽管由于设计缺陷,B–Money 无法就"矿工""公开计算成本并讨论达成统一价格",未能实现白皮书设想,但去中心化的结算架构、匿名交易、点对点网络、比特币的精神内核,基本都在 B–Money 中全部显现。B–Money 白皮书中的很多设想都被后来的比特币和其他加密货币系统所采用和借鉴。

1999 年,点对点技术(Peer-to-Peer,P2P)成熟并在大范围内取得应用。P2P 协议是一种革命性的发明,它使信息传输能在一定程度上摆脱中心化机构,帮助用户在网络上更容易、更直接地交互和共享。它实现了共享资源通过网络提供的服务和内容,能被其他对等节点直接访问而无须经过中间实体,进一步夯实了比特币的底层架构。

再加上哈尔·芬尼 2004 年提出的复用工作量证明,比特币系统的核心技术都已出现。站在前人的肩膀上，坚持密码朋克对隐私和自由的向往，中本聪于2008年11月1日凌晨2点10分，在论坛匿名发表了比特币白皮书：《比特币：一种点对点的电子现金系统》①。

随后在2009年1月3日18点15分，在赫尔辛基的一个小型服务器上，中本聪发布第一版比特币客户端，并通过CPU创建了比特币世界的创世区块②，获得了第一笔50枚比特币的奖励。世界上的第一枚比特币就此诞生。中本聪还在创世区块中留下了这样一句话："2009年1月3日，财政大臣正处于实施第二轮银行紧急救助的边缘。"

虽然时至今日，比特币在全球范围内的影响日益扩大，比特币白皮书也被誉为比特币信奉者的"圣经"、无政府主义者的信仰基石和开发者的"汉谟拉比法典"，然而人们始终不知道中本聪到底是谁，甚至不知道中本聪到底是一个人还是一个组织代号。

但是自比特币诞生后，数字货币世界已经经历了轰轰烈烈而又充满曲折的十余年。过去的十余年间，数以千计的数字货币面世，机构、政府相继关注并纷纷加入这一赛道，数字货币时代似乎已近在眼前。

---

① 比特币白皮书：*Bitcoin: A Peer-to-Peer Electronic Cash System*。
② 创世区块（Genesis Block），是指某个区块链系统中第一个被构建的区块，拥有一个唯一的ID标识号。除创世区块外，后续每个区块均包含两个ID信息，一个是该区块自身的ID信息，另一个是前序区块的ID信息。通过ID信息的前后指向关系，使区块按序相连形成区块链。

2. 以比特币为代表的去中心化数字货币涌现

（1）比特币与货币非国家化思想的契合

比特币是如今市值最大、影响范围最广的数字货币，比特币的底层技术也成为如今在全球备受关注的区块链技术。

想要理解以比特币为代表的去中心化数字货币，首先要理解中本聪创造比特币的初衷。中本聪曾表示，"传统货币的根本问题，正是来源于维持它运转所需要的东西——信任。人们必须要相信中央银行不会有意劣化货币，可是法币的历史却充满了对这种信任的背叛。我们相信银行，银行持有并电子化地转移了我们的钱，可是银行却在部分保证金制度之下，通过一浪接一浪的信用泡沫将货币抛撒出去"。

中本聪对传统信用货币体系的批判不是个例。早在1976年，奥地利学派经济学家哈耶克在《货币的非国家化》一书中就曾尖锐地指出现有主权信用货币体系的弊端：寄生且疯狂生长的具有自我颠覆倾向的银行体系、无法停止的通货膨胀以及经常化的主权信用违约。他提出用竞争性私人货币来取代国家发行的法定货币，在类似于自由市场中进行自由有效配置，可能会提供更加健全稳定的货币环境。在哈耶克看来，货币与其他商品并没有什么不同，依靠市场竞争进行货币发行供应会产生比垄断货币更好的结果：一方面使政府失去随意增发货币导致通货膨胀的机会，另一方面也会减少由于政府供应货币带来的商业周期波动，保护个人与市场自由。①

经济学家哈耶克、劳伦斯·怀特、尤金·怀特、休·罗考夫等人相继得出相同的结论，对货币而言，竞争比垄断更有效。弗里德曼也曾提出假设：以自动化系统取代央行，从而实现以稳定速度逐年增加货币供应量，以避免通货膨胀。这些理论与比特币的思想内核都在一定程度上契合。

（2）比特币系统主要特征

比特币利用点对点传输、共识机制、非对称加密等多种技术，构建了一个去中心化的分布式账本数据库，实时、透明地通过算法进行比特币发行交易。

比特币理论上是采用通缩机制，发行总量为2100万枚，每四年区块奖励减半，② 直到2140年左右的某个时间完全发行完为止。比特币的发行通过"挖矿"行为发生。所谓挖矿，实质上是通过计算机运算解决一项复杂的数学问题，以此保证比特币网络分布式记账系统的一致性。负责挖矿的特殊用户则被称为"矿工"。挖矿行为是比特币的一级市场，主要解决数字货币的发行释放问题。当然，"矿工"也需要承担交易确认和记账职能。

除发行机制外，比特币作为数字货币很好地解决了双花问题。双花是指一笔钱在交易中被重复使用的现象。数字货币本

---

① 郭艳，王立荣，张琴. 重新定义货币：法币、竞争性货币与数字加密货币的理论演讲[J]. 探索与争鸣，2018（09）.

② 区块奖励：比特币发行通过挖矿行为发生，"矿工"每挖出一个新区块，将自动获得比特币奖励。2020年5月份左右比特币区块奖励再次减半，从每个区块奖励12.5枚比特币减少至6.25枚。

质上是一串字符,具有无限可复制性,人们在交易过程中,很难确认这笔钱是否已经被使用过。

为了解决双花问题,目前互联网采取的方法是在交易双方之间增加一个与双方均无利益关联的可信第三方(如银行、中介等),并由第三方机构来确认交易完成。而比特币主要依靠UTXO模型和时间戳技术解决双花问题。

UTXO是Unspent Transaction Output的缩写,中文解释为"未花费交易输出"。以转账过程为例,传统银行账户模型的做法是:甲有200元,如果要给乙转100元,需要由银行等机构从甲的账户中扣除100元,剩下100元;同时在乙的账户余额上增加100元,从而完成整个转账过程。

UTXO模型的过程是:甲有200枚比特币,如果要转给乙100枚,首先需要将200枚比特币拆分成2个新的UTXO,每一个UTXO中有100枚比特币;然后将其中100枚发给乙,自己剩下100枚;交易经全网确认后,甲就还拥有一个含有100枚比特币的UTXO,而之前发给乙的100枚比特币因为已经被甲使用,就不再被称为UTXO;但同时,乙收到的100枚比特币成为乙所拥有的一个新的UTXO,也就是未花费交易输出。

UTXO模型的价值在于,可以确认每笔交易中比特币此前的情况。因为交易输入和交易输出存在关联,用户可以通过UTXO不断向前追溯,从而确定每枚比特币的源头和期间的交易情况。

另外,比特币系统会给每一个区块的交易信息自动添加时间戳,使其具备时间烙印,保证每一笔交易完成后,比特币不能再被用于其他交易。比特币系统通过将时间戳、新区块上的交易信息和前一个区块的哈希值进行哈希运算后,得出新的哈希值,从而实现每一笔交易的不可篡改。由于每一个新区块都会包含前一个区块的哈希信息,由此形成一条层层嵌套、永不停息的区块链。

具体来说,在比特币系统中完成转账支付的交易过程是:

①出现一个新的交易,要向全网公布广播;

②每一个节点,都要将收集到的交易信息,放入一个区块中;

③每一个节点都要试着在自己的区块中,找到一个足够难的工作量证明;

④当一个节点找到了自己的工作量证明,都要对全网进行公布广播;

⑤当且仅当这个区块中的所有交易有效且之前从未有过,其他的节点才承认这个交易过程的有效性;

⑥其他节点表示承认这个区块,表示认可的方法就是,根据这个区块的编码,往后延长这个链接。①

(3)比特币之后的去中心化数字货币浪潮

2009年正式诞生之后,凭借去中心化和点对点交易等技术特性,比特币逐渐得到市场投资者的青睐,并由此催生了大量新型加密数字货币。

---

① 中本聪. 比特币:一种点对点的电子现金系统[EB/OL]. Metzdoed,论坛,2008.11.

数字货币行情平台 CoinMarketCap 数据显示，截至 2020 年 3 月末，全球共有超过 5200 种加密数字货币，总市值高达 1849 亿美元。常见的比特币、以太坊、瑞波币、莱特币等数字货币占据着加密数字货币市场的绝大部分市值。其中，作为目前影响力最大也是最成功的加密数字货币，比特币市值在加密货币市场总市值中的占比更是高达 65% 左右。

除比特币之外，以太坊及其代币体系、分叉币、山寨币、匿名币等数字货币的涌现，丰富了去中心化数字货币市场。

（1）以太坊及其代币体系

比特币开创了去中心化数字货币的先河，实践验证了区块链技术的可行性和安全性。但比特币并不完美。中本聪设计比特币之初，对每个区块容量有最高限制 32M。比特币运行后最初两年的实际区块大小都在 0.5K 以内。在没有直接说明原因的情况下，中本聪于 2010 年 7 月设置了最大 1M 的区块容量限制。这种限制在比特币发展早期并未出现任何不妥之处。但随着参与比特币系统的用户越来越多，比特币网络开始出现拥堵，交易处理速度愈加缓慢。同时，由于网络拥堵导致比特币的交易手续费居高不下，使其支付能力饱受质疑。

另外，由于比特币系统公开交易金额的特性，比特币最初设计的机制允许用户每次交易可以采用不同的假名来保证交易者的隐私。但随着比特币开始被运用到支付场景。比特币拥有者付款所用的假名或账号就会泄露。更为严重的是，由于全网交易账本可以公开获取，比特币找零地址进一步泄露了该用户历史上的比特币账号，从而大大削弱了比特币系统的用户隐私保护能力。

除上述问题外，可拓展性也是比特币的致命不足：比特币网络中只允许运行比特币一种价值符号，用户无法自定义另外的符号；用户也无法基于场景需求对比特币的脚本语言进行重新构建，灵活性不足。

2013年到2014年，受比特币启发，程序员维塔利克·布特林（Vitalik Buterin）首次提出了以太坊概念，大意为"下一代加密货币与去中心化应用平台"。以太坊主要目的是解决比特币扩展性不足的问题，因此提供了各种模块让用户来搭建应用。如果将搭建应用比作造房子，那么以太坊就提供了墙面、屋顶、地板等模块，用户只需像搭积木一样把房子搭起来，因此在以太坊上建立应用的成本和速度都大大改善。

以太坊通过一套图灵完备的脚本语言（Ethereum Virtual Machinecode，简称EVM语言）建立应用。为了方便开发者进行程序开发，以太坊编程甚至不需要直接使用EVM语言，而可以使用类似C语言、Python、Lisp等主流的高级语言，再通过编译器转成EVM语言。

以太坊的核心是智能合约。智能合约的概念1995年就被提出，但直到以太坊才真正受到关注。智能合约允许在没有第三方的情况下进行可信交易，这些交易可追踪且不可逆转。通俗点讲，智能合约就是提前定规矩：只要合约被写入代码，就将在达到触发条件的情况下由机器自动执行，人为不得参与和改变合约执行。

智能合约被彭博社商业周刊称为"所有人共享但无法篡改的软件"。智能合约的存在，让以太坊可以在很多场景中将人的信任转化为机器信任，潜在应用场景很多，如公司治理、网络众筹、合同管理、代币发行等。

2013年末，维塔利克·布特林发布以太坊初版白皮书，正式启动了项目。2014年7月24日起，以太坊进行了为期42天的以太币（ETH）预售。随后的大部分日子里，ETH备受追捧，成为仅次于比特币的全球市值第二高的加密货币。人们开始习惯于将比特币视为"区块链1.0"，将以太坊称为"区块链2.0"。

凭借其图灵完备语言和可应用智能合约的账户体系，以太坊平台开始成为众多"区块链创业团队"的首选之地：先通过以太坊ICO进行募资，① 再发展自有技术与业务场景，让更多人参与到项目发展中。

这类基于以太坊发行的数字货币统称为"ERC20代币"（Ethereum Request for Comments 20）。据不完全统计，目前市面上约有80%以上的数字货币，都是基于以太坊发行。而在市值排行前一百的数字货币中，有近一半是基于以太坊发行的代币。

而在这一过程中，山寨币、空气币等也逐渐横行市场，很多项目方制造ICO代币骗局欺骗投资者，形成巨大的数字货币

---

① ICO：Initial Coin Offering，首次代币发行，类似IPO，是区块链项目通过发行代币募集比特币、以太坊等主流数字货币的行为。

泡沫，并由此引发了各国政府对数字货币的新一轮关注和监管。

但不可否认的是，以太坊及其ERC20代币体系加速了去中心化数字货币市场的繁荣。在以太坊之后，EOS、波场等项目也逐渐形成自己的代币标准体系，越来越多的数字货币基于不同的代币标准被创造发行，极大丰富了数字货币的生态体系。

（2）分叉币

分叉已成为数字货币发展过程中的常态。分叉是指创造出当前区块链系统的替代版本，使得两个区块链在网络的不同部分同时运行。某种意义上，我们可以将分叉理解为一种软件代码的更新升级方式。去中心化数字货币一般会设置系统的定期更新升级计划。但与传统软件的升级不同，一个分布式共识系统的升级需要协调所有系统参与者，相对比较困难。每次升级都可能伴随着区块链的共识规则改变，这会导致整个网络中已经升级软件的节点和未升级软件的节点运行在不同规则下，于是就会产生分叉。

分叉可分为两类：软分叉和硬分叉。软分叉能同时兼容新旧版本，而硬分叉则会将原有区块链系统分裂成新旧两个互不兼容的版本。根据Bitcoin.org上的定义，区块链发生永久性分歧，在新共识规则发布后，部分没有升级的节点无法验证已经升级的节点生产的区块，通常硬分叉就会发生；当新共识规则发布后，没有升级的节点会因为不知道新共识规则，而生产不合法的区块，就会产生临时性分叉，也就是软分叉。

举个通俗的例子就可以解释硬分叉与软分叉的区别：软分叉就如同家人间出现分歧，通过沟通协商同步最新信息后，消除彼此摩擦并取得新的共识，重新选择一起生活；而硬分叉如同分家：如果家庭成员都认同这个家，就不会出现分家的情况，但如果有成员不认同家规，则要么协商解决问题，要么分家，再也不能回到之前的状态，只能各过各的。

去中心化数字货币系统出现分叉多数是由于社区参与成员对现有区块链系统发展情况或性能不满意，或者对未来发展方向存在不同理念，导致社区共识分裂，进而引发分叉。但追根到底，是因为去中心化数字货币系统代码都会开源，理论上每一个社区成员都能根据自己的想法基于原有的数字货币进行改进或者创造一个新型数字货币。

去中心化数字货币历史上比较重要的分叉包括：

2016 年 6 月，以太坊上的 DAO 项目遭受黑客攻击损失 360 万枚 ETH，为回滚交易，以太坊社区被迫进行硬分叉，部分不愿回滚的用户选择在原有区块链上运行，从而从以太坊中分叉出了以太坊经典（ETC）；

2017 年 8 月，为实现比特币扩容，在比特币区块高度 478558 处，比特币现金（Bitcoin cash，简称 BCH）从比特币系统中分叉；

2018 年 11 月 6 日，由于对 BCH 未来发展理念不同，在区块高度 556767 处，BCH 正式硬分叉成为 BCH ABC 和 BCH SV……

除此之外，还有很多种分叉币。以比特币分叉币为例，除BCH ABC 和 BCH SV 之外，还曾分叉出比特币钻石（Bitcoin Diamond）、比特币黄金（Bitcoin Gold）、比特币糖果（Bitcoin Candy）、比特币比萨（Bitcoin Pizza）、比特币上帝（Bitcoin God）、比特币信仰（Bitcoin Faith）、比特币原子（Bitcoin Atom）等。

（3）比特币山寨币与匿名币

山寨币，又称竞争币，指的是在比特币基础上进行技术改进和创新的币种。比特币发展的最初几年，打着改进比特币的名号，市场上一度出现过成百上千种比特币山寨币，但由于所谓的改造并未实际解决问题，再加上市场响应有限，山寨币随后又大批消失。

最成功的比特币山寨币是莱特币（Litecoin，简称LTC）。莱特币在 2011 年由美籍华人李启威创造，主要是为了改造比特币的交易性能，其基础技术原理与比特币几乎相同：采用去中心化的架构、无任何中心机构控制、新币发行和交易支付转让都是基于开源的加密算法。虽然技术原理模仿比特币，但莱特币在交易成本、交易速度、资源消耗等方面具有明显优势，被认为是"改良比特币算法最成功的加密货币"，甚至出现了"比特金、莱特银"的说法。

相较于比特币，莱特币的优势主要包括：发行总量 8400 万枚，是比特币的 4 倍；区块确认时间 2.5 分钟，是比特币的1/4；共识机制同为 PoW，但采用了 Scrypt 加密算法，使消费级硬件（如电脑）也能参与挖矿。

除山寨币外，近两年匿名币重新兴起。比特币的早期发展离不开暗网市场，尤其是丝绸之路。但随着比特币不断被主流市场接受，对倾向于隐蔽的暗网用户来说显得过于高调。此外，比特币虽具有一定的匿名性，但无法做到完全匿名：可通过交易信息和交易地址被追踪。

为了保持安全性和隐秘性，暗网正逐渐转向一些知名度较低并且匿名性更强的加密货币，比如门罗币。门罗币被视为现阶段隐匿性最强的加密货币。它使用加密技术来屏蔽发送和接收信息以及交易金额，采取环签名和混淆地址的方式来保证匿名性。在默认情况下，关于门罗币的任何交易细节都是不可见的。

环签名技术是门罗币实现匿名的关键技术。它会随机将过去已经发生的交易添加到当前交易中，形成交易组合，使交易参与者的身份也混到整个组合中，以混淆交易者的真实身份。同时，门罗币为每笔交易生成隐形地址来保证除了交易双方外其他人无法获取该交易的实际发送地址，以环机密交易隐藏交易的实际金额。

门罗币已经取代比特币成为最受欢迎的暗网加密数字货币。除门罗币外，比较知名的匿名币还有达世币（Dash）、大零币（Zcash）、古灵币（Grin）、Beam等。

（4）具有特定场景的加密数字货币

某些数字货币天生注定为特定场景服务，比如瑞波币。瑞波币是由中心化机构发行的数字货币，算不上真正意义上的去中心化数字货币。但相较商业机构与政府发行的数字货币，瑞波币更加接近比特币这类民间发行的加密数字货币。

瑞波币发行总量 1000 亿枚，是瑞波（Ripple）网络中的基础货币。瑞波是全球第一个开放支付转账网络，通过瑞波网络可以实现任意一种货币的转账，包括美元、人民币或者比特币等，交易确认几秒内完成并且交易费用几乎为零，没有所谓的跨行异地或者跨境支付费用。

瑞波币充当的是系统内的流动工具和货币兑换桥梁。在瑞波体系内进行跨网关转账和提现，首先需要将持有的任意类别法定货币或数字货币兑换成瑞波币，然后通过瑞波网络发送给其他任意地区的收款人；收款人在收到瑞波币之后，可以在所在地将其兑换成自己所需要的任意货币币种。

瑞波币主要应用场景在于跨境支付。目前全球大多数国家银行都采用环球同业银行金融电讯协会（Society for Worldwide Interbank Financial Telecommunications，SWIFT）系统进行跨境清结算。在跨币种汇款的收费项目中，除银行自身收取的手续费外，每一次大额跨境转账由银行代收，但实际上支付给 SWIFT 的费用也高达数百元。另外，一般的跨境转账业务会存在一定的时间滞后性：可能今天给身处美国的朋友通过银行转账，明天他才能收到。如果遇到非工作日，跨境转账的时间成本更高。瑞波系统一定程度上解决了这个问题。瑞波的交易确认时间仅为 3 秒到 5 秒，而且外汇兑换手续费极低，几乎可以忽略不计。

与 SWIFT 相比，基于区块链技术的瑞波是"一个可以让所有人看到的透明的账本"，可以让全世界的人们在分布式网络中进行点对点的金融交易。目前瑞波的服务已经覆盖了 27 个国家，并与全球 200 余家银行和金融机构建立了合作关系。

除瑞波币外，市值排名前十的恒星币也是服务于跨境支付的加密数字货币。

（5）稳定币：加密数字货币与法币的连接点

无论比特币、以太坊、EOS 还是其他形形色色的加密数字货币，现阶段由于价格波动剧烈加上价值属性未被广泛认可，无法成为通用支付工具，更多时候还是被视为一种投机（或投资）标的。要想实现数字货币的支付属性，首先需要维持价格稳定；其次，包括中国在内的很多国家明确禁止法币与比特币等数字货币的直接兑换，这时数字货币与法定货币之间就需要一座新的桥梁——稳定币。

稳定币发行模式大致可分为三类：

1）法币储备抵押模式，即通过抵押法币，发行与法币价值锚定的稳定数字货币（如 USDT）。

2）数字资产抵押模式，即通过在区块链的智能合约上质押数字资产，从而发行锚定法币价格的数字货币。但由于现在数字资产本身价格波动较大，一般都需要通过超额质押以及强制清算等风控机制保证每枚稳定币背后都拥有足够抵押物（如 Maker DAO）。

3）算法央行模式（又称"铸币权"模式），即无须抵押物，通过事先设定的算法机制进行类似央行公开市场操作，对稳定币供给数量进行调节，从而使稳定币价格与法币锚定。（暂无成功项目）。

去中心化数字货币市场如今已经出现成百上千种稳定币，以法币储备抵押模式为主。尽管这一模式与区块链去中心化思想背道而驰，但仍然无法改变目前超过95%以上的稳定币都是通过这一模式发行的现实，而代表项目USDT更是当中无可取代的存在。

USDT是最知名的稳定币之一，由Tether于2014年底正式推出。USDT通过与美元锚定实现自身价格的相对稳定。Tether对用户宣称，每1枚USDT，都对应着其银行账户的1美元等值资金担保。通俗地讲，Tether每发行1枚USDT，就会在银行存入1美元，以此作为保障。所以，1USDT = 1美元，用户可以随时使用USDT兑换等值美元。

USDT凭借美元传递的信任和区块链技术的信任，以及进入市场的先发优势，很快就成为稳定币市场的龙头。但市场一直存在对Tether和USDT的质疑声。质疑主要围绕在Tether不断增发USDT的同时，从未公布过可信审计报告来证明其拥有相应的美元储备。

（6）去中心化数字货币的关键节点

2009年到2018年是去中心化数字货币迅速发展的十年。十年间，比特币及其去中心化数字货币市场经历了诸多重大历史节点。

1）522 比萨节：比特币的价格起点

比特币的初衷是成为一种点对点的电子支付系统，但在最初数年间几乎无人问津，直到比萨事件发生。

2010 年 5 月，早期从事比特币挖矿的程序员拉斯洛在比特币论坛 Bitcoin Talk 论坛上，发布了用 1 万枚比特币购买两份比萨的需求。5 月 22 日，另一位密码爱好者 Jercos 花 25 美元购买了两份比萨送给拉斯洛，并按约定获得了 1 万枚比特币。

事件本身很简单，但意义在于：这是第一次真正意义上将比特币当成货币，用于日常商品交换和消费，也第一次赋予了比特币交易中的价格，被认为是比特币的价格起点。

2）维基解密接受比特币捐赠，中本聪消失

2010 年，维基解密因通过各种渠道收集和发布机密信息，泄露大量美国政府保密文件而遭受了美国政府的封锁：维基解密网站被攻击直至瘫痪，银行、信用卡机构和 PayPal 等机构由于政府施压，冻结了维基解密及其创始人阿桑奇的金融账户。为摆脱困境，阿桑奇向全球求援，称愿意接受比特币捐赠。

这是比特币历史上第一次被大规模曝光。比特币社区大多数成员因比特币受到外界关注而高兴时，中本聪却表示，比特币系统还不成熟，阿桑奇和维基解密所带来的对比特币的关注会摧毁比特币。

在比特币分布式共识系统中，创始人中本聪的意见也未能改变维基解密接受比特币捐赠的事实。而中本聪在此事过后不久，就在公众视野彻底消失，再没有出现。

3）塞浦路斯事件——比特币的"避险"属性

塞浦路斯是地中海东部的岛国,凭借自身离岸金融的发展模式,塞浦路斯吸引了大量海外存款,又将其中很大一部分投资于希腊国债等高风险海外资产。但由于希腊经济危机爆发,塞浦路斯银行业因希腊国债价格下跌和部分违约,遭遇巨额亏损,亟须外部资金援助。

塞浦路斯向欧盟提出援助请求,但由于塞浦路斯不愿像爱尔兰、希腊那样交出部分财政主权,导致欧盟援助要求十分苛刻。2013年,针对塞浦路斯170亿欧元的援助请求,欧盟提出:要求塞浦路斯银行业的储户先行承担援助计划里的70亿欧元,欧盟才能提供剩下的100亿。

为获得欧盟援助,塞浦路斯政府将向当地银行存户征收存款税,其中存款达10万欧元或以上的税率为9.9%,10万欧元以下的税率为6.75%。得知消息的塞浦路斯民众纷纷涌向银行提取现金,提款机前大排长龙,形势一发不可收拾,进而引发欧元区其他国家也出现不同程度的民众挤兑现象。

在政府和金融机构不再被信任之际,投资者急需寻找新的避险资产,去中心化的比特币得到了欧洲避险资金的青睐,短短数天时间比特币价格从30多美元飙涨至265美元。这次危机,让主流社会第一次关注到比特币,很多人也从此加入比特币投资队伍中。

4)"门头沟"事件——引发数字货币市场数年萧条

Mt. Gox 交易所(Magic: The Gathering Online Exchange)被

业界人士戏称为"门头沟"。门头沟交易所是真正意义上第一家在全球数字货币市场大受欢迎的交易所,曾在很长时间里稳居全球比特币第一,其交易量在高峰时一度占据全球比特币交易总量的80%以上。

但是,2014年2月门头沟交易所迎来至暗时刻。由于平台存在"交易延展性漏洞"而遭受到"伪造交易ID攻击"。简而言之,黑客申请提现,在正常交易完成后修改交易ID,让平台误以为交易失败,重新发送比特币至提现账户,攻击者通过这一方法收到双倍数量的比特币。

此次黑客攻击,使门头沟交易所的投资者损失744408枚比特币,加上门头沟交易所自有的10万枚比特币被盗,一共有近85万枚比特币丢失。① 门头沟交易所也因此导致资不抵债,难以继续经营,只得申请破产保护。

鉴于当时门头沟在整个数字货币市场的地位和占有率,它的破产不仅使成千上万的用户损失所有存于该交易所的比特币,也使得整个市场的信心严重受挫。比特币价格开始剧烈震荡,跌幅达到36%。此后两年,比特币市场愈加低迷,交易量和价格持续走低。而关于门头沟交易所被盗的真实原因,至今也未有准确答案。

5)丝绸之路被查封,比特币暴跌

丝绸之路可能是暗网中最有价值的网站,曾被誉为"暗黑

---

① 事后门头沟交易所在一个冷钱包账户中找回20万枚丢失的比特币,总损失由85万枚降至65万枚。

淘宝"。丝绸之路的存在，让比特币成为很多人眼中的黑市货币，与洗钱、犯罪、恐怖融资等字眼挂上了钩。但不可否认的是，丝绸之路在比特币早期阶段为比特币提供了足够的流动性，使比特币能在真实交易中发挥货币职能并得以存活下来，让更多的人了解到比特币，使比特币价格在那段时间连续上涨。据维基百科资料，丝绸之路曾流通超过950万枚比特币，占据了当时比特币流通量的80%。

2013年10月2日上午，丝绸之路创始人乌布利希在美国旧金山的一家公共图书馆蹭网时被捕。

乌布利希被捕的第二天，美国安全局关闭了丝绸之路服务器，并在网页上留下了一句话：这个隐藏的网站已被联邦调查局查封。

这次抓捕行动使美国安全局缴获了超过17400枚比特币，其中约有14400枚来自乌布利希。后来，这些比特币被美国法警署拍卖，但具体细节从未公开。

丝绸之路的关闭引发了比特币世界的恐慌，乌布利希被捕当天，比特币暴跌30%。

6）以太坊上线，带动ICO火爆市场

2015年7月，以太坊主网正式上线。以太坊网络正式运行，并进入第一阶段："前沿"①。这一阶段以太坊主要以开发为主。

2016年3月14日，以太坊发布新版本，由此进入第二阶段

---

① 以太坊的发展分成四个阶段，即前沿（Frontier）、家园（Homestead）、大都会（Metropolis）和宁静（Serenity）。

"家园"。相较"前沿"阶段,"家园"阶段的以太坊没有明显的技术升级,只是表明以太坊网络已经平稳运行。这一阶段,以太坊不再是开发者专属,普通用户也可以方便地使用和体验以太坊。自此,以太坊类似操作系统的功能正式被激活,在以太坊上发行代币成了一件简单的事情。以太坊的开发者们提出 ERC20 标准,并制定了 Token 发行规范。

一场基于以太坊的融资变革开始了。这种融资方式被称为 ICO。与股票市场的 IPO 类似,ICO 是区块链项目通过发行代币进行的一种融资行为。

2016 年 4 月,基于以太坊的去中心化自治组织项目 The DAO 开始众筹。在 28 天的众筹期内,The DAO 筹到超过 1200 万枚以太币,占当时以太币数量的 14%,价值高达 1.6 亿美元,成为当年最大的 ICO 项目。

但 The DAO 后因受到黑客攻击,被盗走 360 万枚以太币,对整个以太坊社区造成了重大打击,导致以太币价格 24 小时暴跌 30%,最终以解散退回以太币而终止项目。

虽然 The DAO 事件为以太坊 ICO 蒙上了一层阴影,但没能阻挡用户和项目方对以太坊的热情。毕竟,在以太坊出现前,加密数字货币想要从传统融资渠道获得投资是非常困难的,而以太坊的智能合约使得个人发行数字货币获得融资成为一件轻而易举的事情。

2017 年,ICO 进入了疯狂发展的快车道。数据显示,2016 年 ICO 项目仅 29 个,融资金额为 9 千万美元左右,而到了 2017

年，这两个数据已经分别增长至343个和近55亿美元（见图1）。

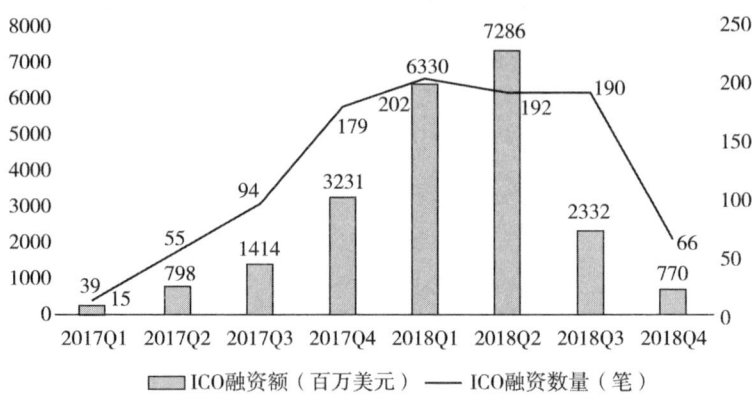

图1　2017—2018年ICO融资额和融资数量走势图

资料来源：根据零壹智库相关数据绘制。

高额的投资回报是使ICO异常火爆的关键原因：通常一个ICO项目登陆交易所后，该项目的代币往往会出现数倍甚至数十倍的涨幅，百倍币、千倍币也并不罕见。用户和资金的涌入，推动着币价持续上涨，同时也刺激着众多项目方纷纷选择ICO融资。

但有利益的地方就有欺诈。ICO为区块链项目方和创业者提供了新型融资渠道的同时，也成为骗子手中欺骗用户、收割韭菜的圈钱机器。2017年ICO的火热，对许多怀揣"快速实现财富自由"梦想的人而言，犹如打开了沉睡千年的"潘多拉魔盒"。项目方、投资者、交易所和韭菜们，"乱哄哄"地"你方唱罢我登场"。各种加密数字货币的峰会不断，项目方借"区块链"之名，联合所谓的行业专家大V站台、媒体壮势，吸引韭菜入场，然后资本拉盘收割，整个币圈天翻地覆。

一出出闹剧、一场场骗局，区块链被打上了炒币、骗钱、空气币、传销币、没有落地项目、割韭菜、熊市等种种污名化的标签。

据咨询公司 Satis Group 调查显示，2017 年的 ICO 项目中有 80% 是彻头彻尾的骗局，只有 15% 的 ICO 项目最终在交易所上线了代币，但即便上了交易所能够成功的概率也不足 5%。

7)"九四"监管事件

ICO 等去中心化数字货币引发的市场乱象最终引起了监管的强烈关注。

2017 年 9 月 4 日，中国人民银行、中央网信办、工业和信息化部、工商总部、银监会、证监会、保监会等七部门联合发布《关于防范代币发行（ICO）融资风险的公告》，要求即日起清理整顿并组织清退 ICO 平台。

"九四"禁令将此前野蛮生长的代币发行市场纳入金融强监管框架。"九四"之后，ICO 被禁，项目代币被清退；数字货币交易所或关停，或逃荒海外。加密数字货币市场瞬间崩溃，绝大多数币种一天内下跌 50% 以上。

据不完全统计，仅 9 月 5 日一天，数字货币市场 10 万投资者一夜之间蒸发 1.6 亿美元的资产，整个市场市值半个月内下跌超过 35%，市值蒸发 622 亿美元。

"九四"禁令明确了中国政府对于 ICO 等非法代币融资行为一刀切的监管态度。随后的日子内，国家对于 ICO 和数字货币交易的监管愈加严格。

8）主流交易所推出比特币期货

2017年12月1日，美国商品期货交易委员会（CFTC）正式批准芝加哥期权交易所（CBOE）和芝加哥商品交易所（CME）以及Cantor交易所的比特币期货上市请求。

12月11日和18日，CBOE和CME在相差不过一周的时间内，相继宣布推出比特币期货合约。这在当时被视为部分主流机构对一直处于灰色地带的加密货币市场的认可。

继CBOE和CME之后，纽约证券交易所（NYSE）的母公司美国洲际交易所（ICE）于2018年提出要设立比特币期货和数字资产交易平台Bakkt。但由于技术服务准备和监管合规等问题，上线时间一再推迟。

直到2019年9月22日，Bakkt才正式上线交易。与此前普遍以美元交割的比特币期货不同，Bakkt将采用实物交割（即用比特币进行交割结算）。大部分投资者因此认为Bakkt上线将助推比特币价格上涨。

但Bakkt上线后首周对加密货币市场的影响有限，比特币的价格反而在其上线次日经历近20%的下跌。比特币行情的萎靡让Bakkt的比特币期货交易量也受到了影响，10月8日达到了自Bakkt上线以来比特币月度期货交易量的最低，仅实现了25个比特币期货的交易。

9）嘉楠科技登陆纳斯达克

在比特币淘金热潮中，比特大陆、嘉楠耘智和亿邦国际成为全球矿机厂商的三大巨头,三家一度占据全球矿机市场90%以上的份额。

据后来招股书透露,比特大陆2017年营收143亿元人民币(后同),净利润达到35亿元,而在2016年比特大陆的净利润仅为6.6亿元。

嘉楠耘智营收从2015年的4770万元增长至2017年的13.08亿元,复合年增长率高达423.7%;净利润也由2015年的150万元上涨至2017年的3.6亿元,复合年增长率为1445.4%。

亿邦国际同样增长强劲。从2015年至2017年的营业收入分别为9214万元、12077.5万元、97869.9万元,2017年的营业收入较2016年增加了710.35%,净赚约3.8亿元。

虽然经营业绩在过去数年突飞猛进,但或许是看到了矿机业务的局限,再加上来自市场与监管的多方压力,进入2018年以来,三大矿机厂商相继踏上了上市之路。2018年,三大矿机厂商纷纷向港交所递交招股说明书,寻求上市契机,但最终全以失败告终。

港股折戟之后,三大矿机厂商纷纷将目光转向了美股市场。

2019年10月29日,嘉楠耘智正式向美国证券交易委员会递交招股文件,拟以发行ADS(美国存托股份)的形式在纳斯达克上市,拟募资不超过4亿美元。

11月21日,嘉楠耘智(以"嘉楠科技"名称上市)正式挂牌纳斯达克。嘉楠科技此次上市初始发行价为9美元,初始供应量为1000万,筹资金额为9000万美元。

嘉楠科技成功登陆纳斯达克，成为区块链世界的名副其实的矿机第一股。

从比萨事件第一次赋予比特币交易价格，到嘉楠科技凭借比特币矿机业务登陆纳斯达克，以比特币为代表的去中心化数字货币逐渐走进大众视野，越来越多的投资者和机构认识到数字货币的价值。

本书将在第二章详细介绍去中心化数字货币市场的发展情况，包括但不限于市场规模、产业链条、面临的问题及未来发展趋势。

3. 机构数字货币开启数字货币新阶段

比特币等去中心化数字货币的迅速发展，吸引了越来越多商业机构的关注。商业机构早期对数字货币较为谨慎，以观望态度为主，而随着比特币及以太坊等生态日益成熟，区块链技术在诸多场景得到应用验证，商业机构纷纷开始布局区块链及数字货币赛道。

机构数字货币开启了数字货币发展的新阶段。相较此前比特币等依靠社群共识和机器算法的信任创造机制，机构数字货币由公众信任的商业机构进行信用背书，凭借规模化的用户基础，并以强势法币或可审计金融资产作为支撑，配以高效完善的金融交易基础设施，在诸多业务场景拥有更显著优势。

2019 年是机构数字货币发展的关键之年。2019 年 2 月 14

日，美国最大的商业银行摩根大通宣布即将推出摩根币（JPM coin），希望通过摩根币降低客户交易对手风险和结算风险，适应资本要求，实现即时价值转移。

摩根币主要用于摩根大通内部合作伙伴之间的清结算，暂不对普通 C 端用户开放。这种生态闭环模式是此前商业机构进行数字货币实践的主要方式，即所发行的数字货币和数字资产都仅服务于自身的业务生态内或相关合作伙伴，而不对外开放。生态闭环模式对外部直接影响有限，相对比特币等开放开源模式更加符合监管要求，或者说更容易被监管许可，同时在项目管理和运营方面也更清晰、直接。

除摩根币外，2019 年 6 月 18 日公布的 Facebook Libra 项目更是将机构数字货币发展推向新高潮，并且一定程度上改变了此前机构数字货币的固有模式。

本书将在第三章对机构数字货币兴起的原因、关键节点、应用场景、商业模式及未来趋势等问题进行细致阐述，第七章也将详细介绍 Libra 项目对数字货币产业甚至货币体系的影响，故而在此不再赘述。

4. 未来已来：法定数字货币

法定数字货币是基于国家信用且一般由一国央行直接发行的数字货币。各国政府很早就开始关注比特币等数字货币的发展。在相关部门出台有关监管政策的同时，部分国家的央行很早就在积极研究数字货币发行的可行性，例如，中国人民银行在2014年就已经开始数字货币研究。

近年来，随着智能合约、分布式账本等底层技术的不断成熟和完善，法定数字货币更加受到各国学界、业界和监管当局的高度重视。作为现有法币体系的组成部分或补充，法定数字货币的发行流通将会对一国的货币发行体系、支付和清结算方式以及数字金融生态建设等方面产生重要影响。

法定数字货币通过对交易系统、发行模式及运营模式等方面的重新设计，能够克服比特币等去中心化数字货币存在的诸如可拓展性不足、价格不稳定以及缺乏宏观调控手段等不足。同时，如果使用区块链技术或基于区块链技术内核，法定数字货币一般具备安全性高、易追踪、点对点支付等技术特点，既可以用作批发端货币，进行金融机构之间的结算，亦可以当作零售端货币，部分或全部替代现金，适应日常零售小额支付场景。目前，各国央行也基本按上述两个方向进行法定数字货币研究。

在世界范围内，尽管现金仍然占据主要地位，但越来越多的中央银行考虑发行央行法定数字货币，以补充或替代传统货币。2018年，国际清算银行（BIS）和支付与市场基础设施委员会（CPMI）对世界各国中央银行进行了一项调查，发现关于法定数字货币的研究大部分停留在概念层面。

然而，在2019年下半年，国际清算银行再次对66个经济体（调查对象代表了21个先进经济体和45个新兴市场经济体，覆盖了世界75%的人口和90%的经济产出）进行后续调查，发现法定数字货币正在从概念层面发展到实践层面。

国际清算银行的最新调查报告显示，越来越多的中央银行正在（或将很快）从事法定数字货币工作。目前，大约80%的中央银行正在进行法定数字货币的研究，大约40%已经从概念研究发展为实践或概念验证阶段，另有10%已经开发了试点项目。

本书将在第四章详细分析法定数字货币的兴起原因、发行模式、对现有货币经济体系的影响以及各国最新进展。针对中国法定数字货币，本书也将在第八章进行专门论述。

第三节　全球区块链及数字货币领域的投融资情况

经历了无人问津，以比特币为代表的数字货币和作为比特币底层支撑技术的区块链，2012年到2013年开始受到多方关注。数字货币及区块链产业迈入了全新的"加速度"发展阶段。

资本总是市场上嗅觉最敏锐的一方。从2012年开始，多家投资机构开始布局区块链及数字货币赛道，为区块链和数字货币的发展源源不断地注入活力。尤其是，数字货币在外部资本的推动下第一次正式"出圈",不再是小众圈层的试验品,而开始逐步走向主流大众,迎来了蓬勃发展的新机遇。

据零壹智库不完全统计,2012年到2019年,全球区块链及数字货币市场共计发生超过1500笔风险融资,公开透露的融资金额高达782.2亿元。

其中,2018年是区块链及数字货币领域投融资的"爆发之年"。到2019年,投融资市场逐渐趋于理性,全年投融资数量为543笔,融资金额约238.3亿元,较2018年出现小幅回落。

从具体领域来看,数字货币相关赛道始终最受资本市场青睐。仅2019年,就有超过35%以上的区块链及数字货币市场的投融资最终流向数字货币领域。而数字货币交易所/平台又是其中最吸金的细分赛道,融资金额占全年融资金额的16%左右。除此之外,数字货币钱包、数字货币融资、DeFi等数字货币相关领域也在投融资市场表现活跃(见图2)。

从融资轮次看,区块链及数字货币的投融资逐渐成熟,开始由初创期(A轮以前)向中后期转移,战略投资成为当前区块链及数字货币市场最主流的投融资方式(见图3)。

中美两国近些年在区块链及数字货币领域始终领跑全球,并呈现交替领先的态势。就2019年而言,中美两国在区块链及数字货币领域的投融资数量合计占全球总量的60%以上,合计融资金额更是超过全球总量的70%。欧洲则成为近年全球区块链及数字货币市场投资增速最快的地区(见图4)。

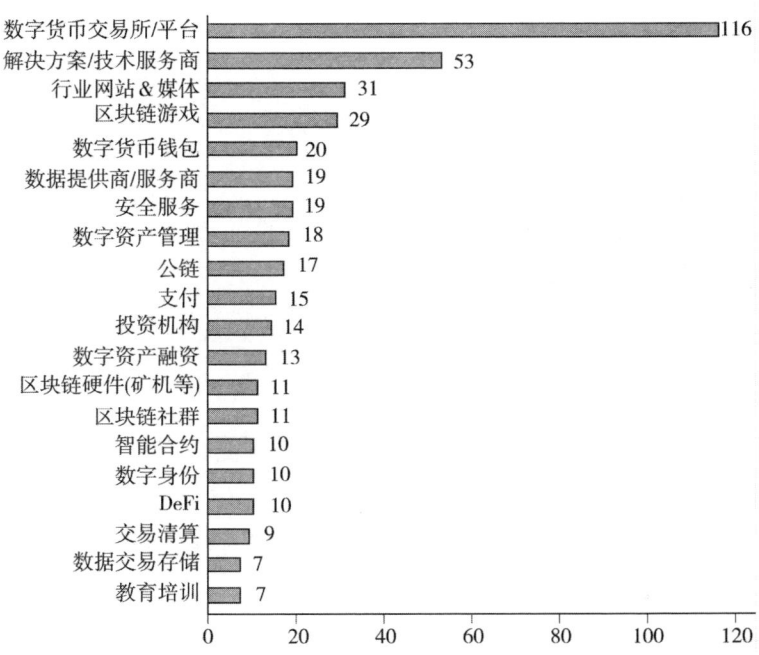

图2 2019年全球区块链及数字货币市场融资场景分布
资料来源：根据零壹智库相关数据绘制。

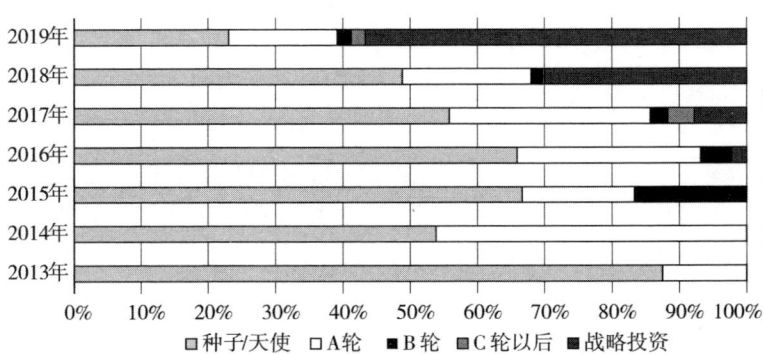

图3 2013—2019年全球区块链及数字货币市场融资轮次分布情况
资料来源：根据零壹智库相关数据绘制。

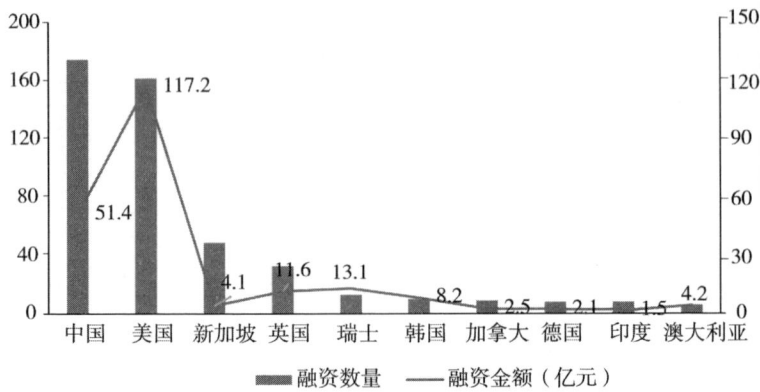

图 4 2019 年全球区块链及数字货币市场融资地区排行榜
资料来源：根据零壹智库相关数据绘制。

资本是趋利的，也是最敏感的。区块链及数字货币投融资市场的火热，持续推动着区块链及数字货币向前发展，也不断向世人证明着区块链和数字货币市场未来的无限潜力。

BLUE BOOK OF
DIGITAL
CURRENCY

第二章

去中心化数字货币

第二章　去中心化数字货币

虽然比特币这一去中心化数字货币市场的主要交易币种诞生于 2009 年，但严格来说，全球去中心化数字货币市场是从 2010 年比特币有了首次报价后才逐渐形成的。

去中心化数字货币市场价格的波动伴随着来自公众和媒体越来越多的关注，同时也吸引了新的投资者和机构加入这个市场。然而即使有大量资金流入，并非所有参与者都有充分准备应对市场的风云变幻。另外，对机构来说，他们对去中心化数字货币市场日益浓厚的兴趣则催生了为满足新型需求而量身定制的专业服务，例如，推出比特币期货交易服务，让现有金融体系与去中心化数字货币市场之间产生了更深层次的交织。

第一节　去中心化数字货币市场的规模

对去中心化数字货币市场的各类参与者来说，市场大小及其成长性非常重要，明确一个市场在一段时期内的规模及其未来规模的成长既决定了产品的市场空间，也决定了企业发展的天花板。衡量去中心化数字货币市场规模的指标主要有三个，市值规模、币种数量和投资者数量。其中，市值规模是最常用的指标。

1. 市值规模

整个去中心化数字货币市场的市值规模即为所有流通中币种的市值总和。根据 CoinMarketCap 数据（见图1），全球去中心化数字货币的市值规模在 2018 年 1 月 7 日创下了 8339 亿美元的历史最高市值，此后受各种因素影响，整个去中心化数字货币市场的总市值规模逐渐降低。截至 2020 年 3 月 27 日，流通中所有去中心化数字货币的市值总和已经降至 1849 亿美元，因此有不少人认为去中心化数字货币市场的泡沫相当大，市场更多

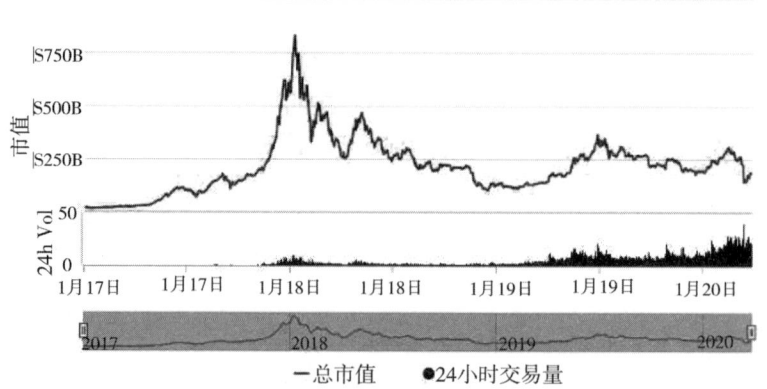

图 1　去中心化数字货币市场总市值规模变化

注：图中总市值为 2017 年 1 月 1 日到 2020 年 3 月 27 日的变动情况。
资料来源：CoinMarketCap、零壹智库。

呈现出的是投机属性。

如果与同期其他类别资产市场的总市值做对比（同时期指 2018 年，月份不限），我们会发现去中心化数字货币的市场规模其实很小：2018 年 1 月初，上海证券交易所主板 A 总市值约为 4.8 万亿美元（折合约 34.15 万亿人民币）①；2018 年 9 月，全球黄金市场总市值约 7.8 万亿美元。此外，截至 2020 年 3 月末，去中心化数字货币市场的最高市值还远低于一些知名跨国公司的总市值，例如，美国微软一家公司的总市值就已经超过了 1 万亿美元。

2. 币种数量

在首个去中心化数字货币比特币问世后，名目繁多的区块链项目大量涌现，其中很大一部分项目又在发起后没多久便发行了自己的去中心化数字货币。如今去中心化数字货币市场上的币种数量已经超过了 5000 种。根据 CoinMarketCap 的数据，截至 2020 年 3 月末，全球去中心化数字货币的币种数量已达 5200 余种，这远超过世界上所有不同类型的国家法定货币。其中，比特币和以太币是市场中的两大交易币种，比特币的总市值已占所有去中心化数字货币市场总市值的 65% 左右，是市场中的绝对主力交易币种。

2010 年市场上只有比特币一种去中心化数字货币在交易，十年后我们在这个市场上发现几乎每个大的经济领域都会有至

---

① 根据上海证券交易所相关数据得出。

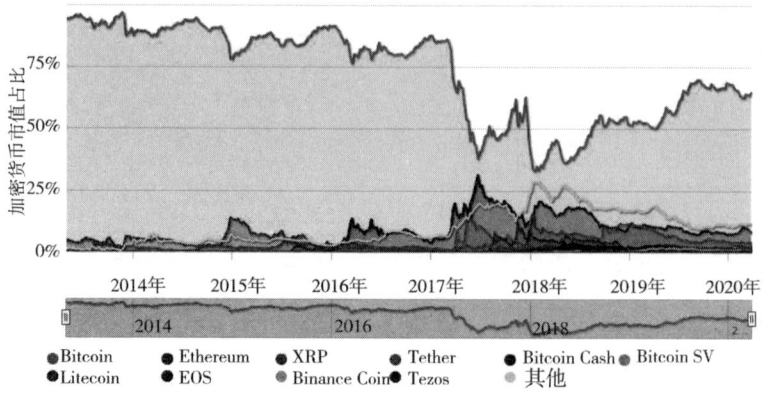

图 2　去中心化数字货币市场主流币种市值占比

资料来源：CoinMarketCap、零壹智库。

少一种去中心化数字货币的支持，从这个意义上来说，去中心化数字货币本身已经超越了货币的基本属性，其利用底层区块链技术对包括金融、健康、能源、社交、物流等领域进行革新，并深度参与到产业变革的大趋势中（见图2）。

之所以去中心化数字货币能有今天如此繁多的种类，其背后的驱动因素主要是2013年开始支持智能合约的以太坊的概念被提出，以太坊ERC20标准为开发人员提供了为不同功能创建不同去中心化数字货币的机会。[①]

此外，不同项目区块链上的"分叉"也是形成众多币种的另一个因素，随着一些项目的发展，其内部逐渐出现了不同的声音，社群分裂的最终结果往往会形成更多同源但支持不同理

---

① 剑桥大学新兴金融中心，全球加密资产基准研究（第二版）[R]. 2018. 12.

念的去中心化数字货币。

3. 投资者数量

去中心化数字货币的投资者数量众多，一个最常被提起的问题是到底有多少人在参与去中心化数字货币市场的交易。有两种可以用来估算投资者数量的方法，一种是对持币地址数量的统计，另一种是对交易所交易账户数的统计，但交易平台的真实用户数据属于商业秘密，一般交易所只会公布大概的数量级。因此我们这里只根据对持币地址数量的统计来估算投资者的大概数量。

由于比特币是去中心化数字货币的龙头，进入这一圈子的人，大多是被比特币吸引过来的，同时以太坊的应用范围更为广泛，很多项目的代币都是基于以太坊的智能合约发行的，所以比特币和以太坊的相关数据在某种程度上能说明问题。

（1）比特币用户数估计

比特币区块链上约有 1.53 亿个用户地址，但这一数字并不是比特币用户的实际数量，因为同一个用户可以拥有很多个地址，同时比特币的用户地址中，绝大部分没有任何数量的币，所以只有持币地址才能说明问题（见表1）。

表 1 比特币分布数据

余额范围	持币地址数	地址数占比	比特币数量	折合美元	比特币数量占比
(0~0.001)	14450121 个	48.18%	2986 BTC	18343480 USD	0.02%
(0.001~0.01)	7434825 个	24.79%	29412 BTC	180654069 USD	0.16%
(0.01~0.1)	5168745 个	17.23%	166608 BTC	1023344951 USD	0.91%
(0.1~1)	2141615 个	7.14%	678979 BTC	4170450673 USD	3.71%
(1~10)	644071 个	2.15%	1699362 BTC	10437886950 USD	9.29%
(10~100)	137294 个	0.46%	4431713 BTC	27220641038 USD	24.23%
(100~1000)	13926 个	0.05%	3527300 BTC	21665522688 USD	19.29%
(1000~10000)	2025 个	0.01%	4861714 BTC	29861815850 USD	26.58%
(10000~100000)	107 个	0%	2366110 BTC	14533212742 USD	12.94%
(100000~1000000)	3 个	0%	523860 BTC	3217676181 USD	2.86%

注：截至2020年3月末，根据bitinfocharts.com的数据，比特币持币地址总数近3000万个（表格第二列数据相加），考虑到多数比特币巨鲸不会把所有的鸡蛋放在同一个篮子里，他们会有多个账户，再考虑到很多人的比特币都放在交易平台，自己并没有比特币钱包，3000万这个数量会比实际用户数量偏少。

资料来源：bitinfocharts.com，零壹智库。

(2) 以太坊用户数估计

根据以太坊数据网站 etherscan.io 的统计，截至 2020 年 3 月末，以太坊的地址数量约 9200 万个（见图 3），每日新增地址约 12 万个。假设以日增 12 万个地址的速度增长，那么以太坊地址达到 1 个亿只需要两个月。不过由于以太坊的地址创建非常方便且不需要费用，很多人都创建了多个以太坊地址，有的投资者甚至用程序创建了上千个地址。所以可以确定的是，以太坊的地址数量比以太坊的真实用户数量多。

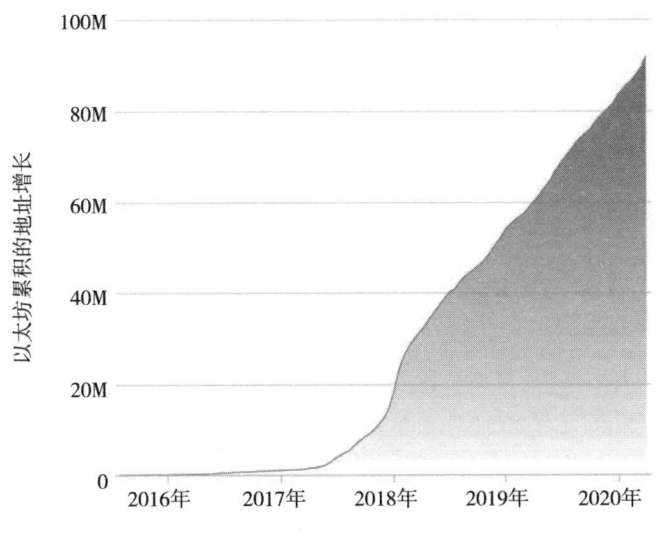

图 3　以太坊地址数增长曲线

资料来源：etherscan.io、零壹智库。

(3) 小结：投资者的数量估计

综上，去中心化数字货币的投资者数量应该大于 3000 万个（比特币地址数量）且小于 9200 万个（以太坊地址数量）。假设比特币地址数由 80% 的比特币投资者持有，80% 的以太坊投资者人均拥有 3 个以太坊地址，经算术平均，那么推算出的投资者数量约为 3800 万个。

第二节　去中心化数字货币市场产业链条

自比特币白皮书发布以来的十余年间，去中心化数字货币市场的产业链逐步完善，并且在这一产业链上已经细分出数个功能不同的市场，其中包含了产业链上的三个关键细分市场,[①] 它们分别为去中心化数字货币的挖矿、交易和存储（钱包）提供服务（见图4）。尽管接下来我们将就三个关键细分市场分别做详细的论述，但不同细分市场（包括但不局限于三个关键细分市场）之间的界限正变得越来越模糊，因为一部分企业平台的产品和服务是跨细分市场的，而另一部分企业会选择在不同的细分市场推出不同品牌的产品和服务，以实现全产业链的覆盖。

[①] 其他细分市场如研究咨询、数据分析、法律服务和培训等不在本部分讨论范围之内。

第二章 去中心化数字货币

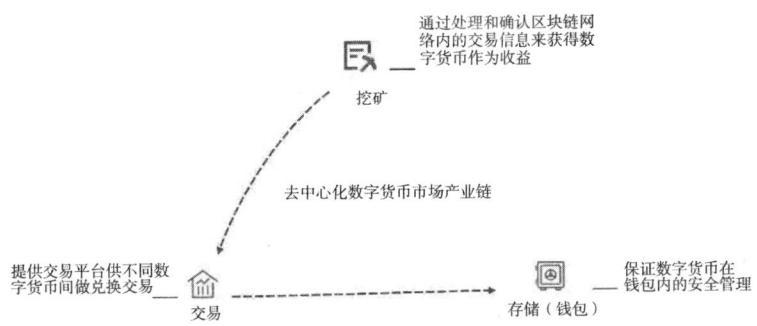

图4 去中心化数字货币市场产业链

资料来源：零壹智库。

1. 挖矿

挖矿是数字货币的一级发行市场，同时也承担着数字货币交易记账确认职能。一段时间内公共区块链上的交易需要由"矿工"进行专门的处理并确认，随后记录在区块链上形成新的区块，"矿工"完成记账后也将获得由系统给予的数字货币奖励，这一过程被称为"挖矿"。简单来说，区块链就是一个分布式账本，成功抢到记账权的"矿工"会获得一定数量的数字货币作为奖励，因此挖矿就是去中心化数字货币的生产过程，也是数字货币的交易确认过程，更是整个数字货币产业链的最上游。

"矿工"的挖矿活动在任何去中心化数字货币系统中都扮演着关键角色，因为他们既为区块链记账提供了必要的算力，同时也提高区块链被攻击所要耗费的成本使整个系统得到保护。

早期去中心化数字货币的挖矿在普通个人电脑上即可完成，如今挖矿已经发展成为一个资本密集型活动，人们开始使用算力巨大的成套定制化硬件设备来完成数字货币的挖矿。这是因为去中心化数字货币的挖矿活动一般需要"矿工"利用硬件算力解决一个"特定的难题"以获得一定数量数字货币作为奖励，随着区块链网络算力的增加，解决难题的难度也水涨船高，"矿工"们单打独斗的日子很快就过去了。从2010年开始，"矿池"开始成为"矿工"挖矿活动的主流形式。一个矿池内可以有成百上千名"矿工"同时贡献算力，在取得数字货币收益时所有"矿工"根据算力贡献比例分配挖矿收益。

为了在去中心化数字货币市场获得更高的收益，"矿工"倾向于使用效率更高的矿机，因此算力更高且能耗更低的矿机不断由矿机厂商生产出来并推向市场。这进一步导致挖矿难度的提升，为了保证挖矿的收益，很多"矿工"被卷入了一场无止境的"装备竞赛"中。

去中心化数字货币的挖矿服务价值链由三个主要环节构成，分别为挖矿硬件的生产、挖矿的实际运作和矿池对算力的集中，其中挖矿的实际运作还细分为独立挖矿、云挖矿和远程代理三个部分（见图5）。

在挖矿服务价值链中，挖矿硬件的生产是价值链的上游，矿机厂商会根据市场需求不断推出新矿机，硬件生产市场已经被少数大型矿机厂商"垄断"。

在挖矿的实际运作中，独立挖矿对"矿工"的要求比较高，除了要花费一定成本购买矿机，还需要在挖矿资源上具备一定的优势，例如低成本电力和足够面积的专业场地。这里，"矿

第二章 去中心化数字货币

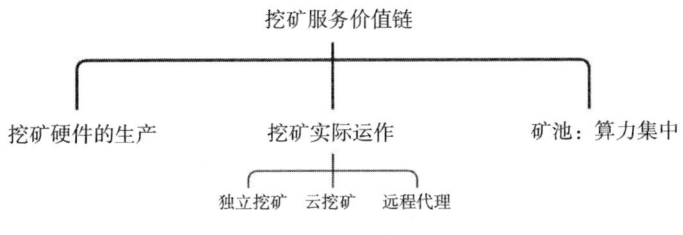

图5 挖矿服务价值链

资料来源：零壹智库。

工"对低成本电力的追求使得"偷电"案件在中国各地时有发生。除了独立挖矿，挖矿的实际运作还可以以云挖矿和远程代理两种方式进行，相同点在于这两种方式可以让"矿工"不用亲自负责建立和运营自己的矿场就可以参与到挖矿活动中来；不同之处在于云挖矿是"矿工"并没有自己的矿机，而是以线上租赁的形式租用云挖矿运营方的矿机完成挖矿活动；远程代理是代理商负责替"矿工"管理和运营矿机的一种模式。

专业从事挖矿活动的组织或企业一般会在世界各地建立自己的"数据中心"，以巨大的算力支持挖矿活动，而对于个人和较小组织形态的"矿工"们来说，加入矿池是保证数字货币收益的不二选择，矿池也因此由最初的社区自发行为发展为越来越专业化的服务。

值得一提的是，一些大型"矿业"企业的业务范围已经覆盖了整个挖矿服务价值链，不仅能生产自己的挖矿硬件，还运营着自己的矿池和其他的挖矿基础设施。

2. 交易

无论是从企业数量还是雇员人数来看,以交易所为核心的该细分市场是产业链上规模最大和最活跃的领域,数字货币交易所是进行数字货币间、数字货币与法币间交易撮合的平台,为买卖数字货币的用户提供了重要的渠道,同时为市场提供了流动性和价格发现机制。

与传统证券交易所相比,数字货币交易所除撮合交易之外,还承担着做市商和投资银行的角色。交易所的做市商角色能增加市场的流动性,交易所从中赚取交易差价。交易所的投资银行角色为数字货币提供发行、承销等服务,交易所从中收取上币费,或者以交易所社区投票的形式收取保证金。

数字货币交易所基本功能在于提供可购买、出售、交换各类加密货币的平台服务。早期加密货币数量及交易需求有限,数字货币交易所也是屈指可数;随着区块链与数字货币项目的井喷式爆发,全球散户投资者及大量机构投资者入场,数字货币交易平台也呈现爆发式增长,尤其进入2018年以后,交易所数量迎来前所未有的激增,每天有数百亿美元的数字货币在活跃的交易所被交易。截至2020年3月末,CoinMarketCap统计全球共有大约22000家数字货币交易市场,数量远超去中心化数字货币种类。

(1) 交易所的主要业务类别

目前绝大多数数字货币交易所都是中心化的交易所,可进行法币交易、币币交易、合约/期货交易等。法币交易允许用户将法币转换为数字货币，由于受各地的监管规制，一般交易所的法币交易支持的法币种类比较有限。法币交易也可分为两种：一种是场内交易，用户可以直接通过信用卡或者银行转账从交易所购买数字货币；另一种是场外交易，也称 OTC 交易，是用户通过交易所撮合与另外一名用户在交易所以外渠道完成数字货币支付的交易方式。币币交易允许用户将已经拥有的数字货币转换成其他数字货币，整个交易过程不涉及任何法币，因为受到的监管相对较松，主流的数字货币交易所都开通了此项功能。合约/期货交易风险高，允许杠杆交易，受到各地法规的监管，更加严格，并且交易门槛高，受众面相对较小。

（2）交易所的盈利模式

数字货币交易所主要通过收取交易手续费、项目上币费，以及数字货币做市商业务赚取差价等方式盈利。许多数字货币交易所还发行平台币作为融资手段和交易所社区生态的通证。

交易手续费与股票交易过程中的手续费类似，交易平台主要依靠交易手续费来赚钱。一般交易所都是 2‰ 的交易手续费，而部分刚刚开立的交易所是 1‰，或者有部分免手续费的时间。

在全球范围内，每天都有新增的数字货币币种，数字货币交易所几乎每天都有新币上线，而交易所的收入中很多就来自项目"上币费"，不同交易所的费用不尽相同。值得注意的是，与严格的股票发行相比，数字货币的上市发行交易并没有严谨的审批环节，因此数字货币投资者仍需要谨慎做出相关投资决策。

此外，交易所在市场中往往会扮演做市商的角色，为数字货币交易提供流动性，通过与不同对手方买卖交易赚得差价。

（3）去中心化交易所

大多数数字货币的交易所"中心化"特征明显，由于中心化的交易所掌握了交易和用户的信息并聚集了大量用户的数字资产，因此经常被认为是数字货币市场暴涨暴跌的幕后推手。此外，交易数据的真实性和交易所常遭到攻击是中心化交易所为人诟病的另外两个重要因素。

数字货币的"去中心化"交易所概念源于区块链的点对点分布式信任机制建立，一个真正的去中心化交易所会利用公有区块链实现数字货币的交易与清结算，同时保证用户在整个交易过程中对其数字资产的绝对控制。尽管去中心化交易所模式可能会对监管造成挑战，但它的安全和高效可能会是未来数字货币交易所的一种发展方向。关于去中心化交易所的更多信息，本书将在后续的 DeFi 专论中进行详细介绍。

3. 存储（钱包）

由于去中心化数字货币普遍采用非对称加密技术来保证数字资产的安全，即公钥加密、私钥解密的形式，因此数字货币如何被安全存储是产业链上又一个比较重要的细分环节。

去中心化数字货币被存储于网络上一个个独立的地址中，这些地址就类似于账户，是由公钥经一定方式转换而来。如果要转移地址中的数字货币则需要用到私钥，私钥就像账户密码一样，是由公钥经加密运算得出的。而所有这些与去中心化数字货币相关的地址、公钥或私钥的存储与管理则需要用到特定的软件或硬件，即钱包。在数字货币产业内，对数字资产的保管通常是指对私钥的安全存储而非资产本身。

钱包可以分为热钱包和冷钱包两种，也即密钥的两种存储方式：热存储和冷存储。

热存储是指在连接到网络的在线设备上保存私钥。热门钱包的例子有基于网络的钱包，以及运行在联网机器上的桌面和移动钱包，只要用户能上网就能用，它的缺点是有暴露私钥的风险。目前主流的热钱包都使用了复杂加密或者多重签名的措施以获得用户的信任。硬件钱包一般就是冷钱包，是专门用于存储私钥或进行简单支付的硬件设备，可以安全地存储私钥，而不会暴露给连接的设备。此外也有少数人选择将私钥抄在纸上做成"纸钱包"，以备份保存关键私钥。

相反，在冷存储情况下，私钥被离线存储在一个未连接到互联网的冷钱包中，因此不容易被轻易破解。不过，这其中也需要一定的权衡，因为冷钱包通常对用户来说更麻烦，因其灵活性差，等待时间较长。因此，选择冷钱包还是热钱包取决于持有人获取资金的需求、交易活动的频率和交易金额大小（热钱包适合存储小额资金，而大额资金应该转移到冷钱包中）。

另外，钱包也分为全节点钱包及轻钱包。全节点钱包能够同步所有区块链数据，完全去中心化；而轻钱包只有简化的支付验证功能，只维护与自己相关的区块链数据。

第三节　去中心化数字货币发展面临的问题

去中心化数字货币底层的区块链技术被人们寄予厚望，比如推动信息互联网向价值互联网转变以及重塑各产业价值链。不过去中心化数字货币本身面临着诸多的发展问题。

1. 真正使用数字货币的人数还较少

去中心化数字货币与社交网络一样，其价值来自使用它们的人有多少。这被称为"网络效应"或者"梅特卡夫定律"，意思是某种产品对一名用户的价值，取决于使用这个产品的其他用户的数量。梅氏定律还告诉我们，网络的价值以用户数量平方的速度增长，即网络的价值等于用户数量的平方。

网络效应与货币的功能直接相关，货币具有交换媒介、记账单位和价值储存手段等功能属性。如果有很多人使用一种货币，那么这种货币的价值就相对高，它作为货币的功能也就越好。目前，去中心化数字货币较低的使用率意味着大多数人还难以接受将其用于真实的使用场景。

2. 数字货币的匿名性悖论

去中心化数字货币中的匿名性通常是一个弱点，而并非优势。去中心化数字货币为洗钱者、逃税者和非法商品供应商创造了一种交易便利性,因为数字货币的匿名性导致难以追踪到非法资金和交易者。因此,对监管来说这就是去中心化数字货币的最大缺点。

首先,匿名的数字货币交易和持有情况会增加市场操纵或欺诈的风险。其次,大多数金融交易涉及跨期因素(如贷款、期货合约、银行存款),匿名性使得先付钱的一方不能保证之后另一方不会违反交易约定。因此,建立与数字货币相关的法律框架显得十分必要,如果没有法律的监管,去中心化数字货币的应用范围会受到极大的限制。

3. 数字货币的交易效率很低

去中心化数字货币常被人诟病的一点是其交易效率很低,这是去中心化发行的数字货币与中心化法币相比的一大劣势,因此如何增加交易的吞吐量成为最常被提及的技术问题。

例如,比特币每秒最多只能处理 3~7 笔交易,PayPal 平均每秒能处理 400 笔交易,VISA 平均每秒能处理 1700 笔交易,且 VISA 的峰值处理能力超过 24000 笔交易。显然,想要充分发挥数字货币的潜力还有很多工作要做。

但这里会有一个问题:当我们增加了数字货币的交易吞吐量后,我们其实也增加了全节点(负责验证和存储完整区块链信息的节点)的负担,这意味着可以运行完整节点或全节点的人会更少,从而使整个网络可能朝着更加中心化的方向发展。

只有当运营一个全节点的成本能够让一定数量的主体（例如交易所、清结算机构、矿机厂商等）认为尽量低时，链上的数字货币交易吞吐量问题才部分得到解决。

对提高数字货币的交易效率，还有人提出了其他建议。一种方案是把交易转移到"第二层"网络来处理，从而解放核心区块链网络的工作量以增加交易效率；另一种方案建议使用不同的共识机制，即放弃工作量证明（PoW）而代之以权益证明（PoS）。

4. 市场的波动性过大

从2017年底开始，以比特币为代表的数字货币价格呈指数级增长，投资者开始大量涌入数字货币市场。然而，市场的波动性是一把双刃剑，投资者既可以利用波动性获得丰厚收益，也可能蒙受巨额损失。比特币市场已经多次向我们表明，当发生暴跌的时候，投资者手中的资产价值在短时间内就会被腰斩。

这种市场波动性增加了投资/投机机会，同时可能导致大量的投资者逃离，进而严重削弱数字货币获得广泛采用的希望。

5. 市场监管仍需完善

去中心化数字货币市场已经初具规模，但以比特币为代表的数字货币因为具有匿名性，有被犯罪组织利用作为非法交易工具的可能性。因此，绝大多数国家都没有将数字货币认定为货币，并且对数字货币交易也都实施强监管政策。

全球金融监管机构在对比特币等数字货币实施监管时，基本都将监管对象聚焦在为数字货币与法币进行兑换的交易所。如果数字货币只与法币双向兑换，并且交易所严格执行 KYC（Know Your Customer，充分了解你的客户）政策，那么监管机构就能够对大部分交易进行追踪。

中国银发〔2013〕289 号文件《关于防范比特币风险的通知》明确要求要"切实履行客户身份识别、可疑交易报告等法定反洗钱义务，切实防范与比特币相关的洗钱风险"。但是，如果数字货币不与法币发生关联，交易仅仅发生在数字货币之间，那么监管机构就难以对交易进行有效追踪。事实上，这也是许多传统金融机构对数字货币敬而远之的原因之一。

随着越来越多加密货币场外交易所的出现，KYC、反洗钱、反恐怖主义融资等政策的执行将遇到极大的挑战。如果监管机构不能对数字货币交易进行有效监管，那么一旦数字货币脱离现有监管体系，与现有金融体系发生大规模关联，这将给金融体系带来巨大风险。目前监管的主要思路就是敦促数字货币交易所制定足够严格的 KYC 政策，强制将数字货币交易纳入反洗钱和反恐怖主义融资系统中。

第四节　去中心化数字货币市场未来发展趋势

1. 与全球经济金融体系关联越来越深

去中心化数字货币市场曾被认为是独立和封闭的体系,并且具有难以预测的变动趋势。而现在,我们看到这一市场正逐渐融入全球经济金融体系。但鉴于数字货币市场的整体市值仍然很小,目前,其所能对全球经济金融体系施加的影响还不能与其所受的影响相提并论。

以比特币为例,与比特币相关的期货和期权等投资产品已经开始更多地参与到投资机构的投资组合中。此外,一些国家和地区的经济和政治不稳定因素使比特币成为当地民众在资产保值方面的一种选择。特别是进入2020年,受包括全球疫情在内的诸多负面因素影响,多数学者和研究机构认为经济和金融体系的危机将比2008年危机严重数倍,多国中央银行实行负利率、全球债务增长和世界生产放缓引起全球关切。这些挑战可能都会为去中心化数字货币提供新的机会,与全球经济金融体系进行深度的互动。

2. 社交网络成为推动数字货币应用的重要平台

互联网产业的发展让社交网络已经跳出了单纯的社交范畴，多样化的用户服务开始与社交网络深度融合，其中就包括为用户提供使用数字货币的机会。

2019年6月，Facebook的Libra项目曾引起了全球的高度关注。Libra希望建立一套简单的、无国界的数字货币和为数十亿人服务的金融基础设施，Facebook希望借Libra建立起新的全球支付体系，实现更大范围和更深层次的普惠金融。然而Facebook的宏伟愿景受到了来自多国政府和中央银行的质疑和挑战，Libra协会的几个关键初始成员也陆续退出。Libra项目遇到的阻力不小，但这一由社交网络推动的超主权世界货币的蓝图设想被多数机构认为是未来大趋势。

3. 稳定币和DeFi将越来越活跃

前文已有介绍，稳定币大致分为三类：法定资产抵押类、数字资产抵押类以及基于算法的无抵押类。第一类锚定法定资产的稳定币是最常见的一种稳定币，在加密货币波动时能够提供充分的避险作用，但其中心化管理模式缺乏透明度。第二类稳定币以数字资产作为抵押对象，建立在既有的加密货币之上，透明度高，但在法币尺度下价格亦不稳定。第三类稳定币不进行资产抵押，通过智能合约动态管理货币规模和价值，目前的应用程度很低。

虽然稳定币距离大规模商业应用还有一段距离，需要克服合规、隐私及应用场景受限等问题，但从各项数据来看其发展潜力巨大。2019年，共有超过2370亿美元资金通过稳定币被转移到链上。稳定币总市值也从28亿美元攀升到44亿美元。2020年第一季度，去中心化数字货币市场经历了较大震荡，但稳定币却成为最大赢家。据媒体The Block的统计，市场上稳定币的交易量在2020年一季度飙升，较2019年第四季度增长8%，历史上首次突破了900亿美元大关。相比之下，2018年全年稳定币的总交易量为2500亿美元。

再来看DeFi（"去中心化金融"或"开放金融"），2019年，DeFi引起了去中心化数字货币市场的热烈讨论。DeFi的实质是提供基于区块链和智能合约的金融服务，包括借贷、数字金融衍生品、去中心化交易所和支付解决方案。

根据Credmark的报告，2019年DeFi的活跃债务水平已达15.68亿美元，与2018年相比同比增长474%；此外，根据DeFi Pulse的数据，截至2020年2月初，DeFi已有超过10亿美元的总价值锁定（见图6）。

DeFi的一个特征是强烈偏爱以太坊网络，以太坊2020年发展路线图的更改及其解决日益拥挤的网络的能力将对许多DeFi项目发展产生深远的影响。此外，其他区块链网络上也在积极开发DeFi项目，DeFi或将成为金融科技行业的主要趋势之一。

不过，DeFi在发展过程中也暴露出一些风险、缺陷和安全

第二章 去中心化数字货币

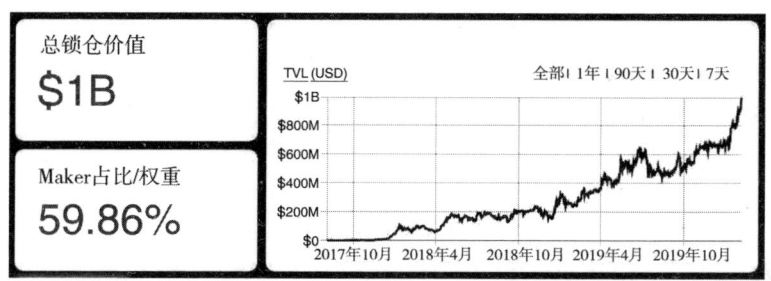

图6 DeFi 总锁仓价值（TVL）走势

资料来源：DeFi Pulse、零壹智库。

性问题。以太坊 2.0[①] 的测试网络已于 2020 年初启动，并计划于 2020 年第三季度正式推出。当所有人都以为以太坊 2.0 的推出将使 DeFi 获得更大发展机遇时，新冠肺炎疫情带来的全球资产暴跌和流动性危机为 DeFi 的发展蒙上了阴影。由于以太坊网络的延迟，Maker DAO 的一部分抵押品以接近 0 的价格被拍卖，损失了 567 万美元，其中最大的金库债务仓库损失了 35000 ETH。同时，DeFi 的安全性问题也逐渐变得更加突出，大量的网络攻击已经造成了巨大损失。[②] 这为整个 DeFi 生态内的开发人员和用户敲响了警钟。

4. 监管将更加有力

2019 年，全球各主要经济体积极推动与数字货币相关的立

[①] 以太坊 2.0 将在保障区块链网络去中心化的前提下大幅提升性能。
[②] bZx 是面向以太坊构建的 DeFi 借贷平台。2020 年 2 月 15 日，bZx 发生了闪电贷款攻击事件。攻击者通过复杂手段获利 35 万美元。仅仅两天后，攻击再次发生，这次攻击者再度获利 65 万美元。

法工作，以规范这一市场。此外，金融行动特别工作组（FATF）新的反洗钱要求已经公布，并开始为世界各国政府在相关领域的立法工作提供参考。

可以想见的是，2020年开始对去中心化数字货币市场活动的监管将变得更加严格，"了解您的客户"（KYC）和反洗钱（AML）要求将变得更加普遍。但目前还没有全球一致的监管标准，各国都从自己的实际情况出发来决定如何进行监管。中国在相关领域的监管由对变相ICO、假借数字货币、区块链的非法集资行为的整治，转为对STO（Security Token Offering）以及借STO名义实施的违法犯罪活动的监管。美国、日本、新加坡等国家也出台了一系列监管政策推动ICO、STO的合规化进程。此外，去中心化数字货币市场的灰色地带仍然存在，因此许多国家的做法是努力在促进创新和创业与打击犯罪和欺诈之间做出平衡。

BLUE BOOK OF
DIGITAL
CURRENCY

第三章

机构数字货币

第三章 机构数字货币

机构数字货币正在开启数字货币发展的新阶段。相较于比特币等去中心化数字货币,机构数字货币更加具备成为数字金融市场通用交易工具的特征。机构数字货币具有规模化的用户基础,并以可审计的金融资产为支撑,配以高效完善的金融交易基础设施,一旦获得监管许可,很有可能成为通用的数字金融工具,在市场实现广泛流通。

从机构类型看,机构数字货币的发行主体包括金融机构和非金融机构。金融机构是主要的发行主体,花旗银行、高盛集团、摩根大通、三菱日联金融集团、美国富国银行和瑞银集团等知名金融机构均已布局数字货币市场。非金融机构以Facebook为代表,2019年6月,Facebook主导的数字货币项目Libra推出,希望通过Libra建立一套简单的、无国界的货币和为数十亿人服务的金融基础设施。Libra的构想对现有货币体系构成了前所未有的挑战,将机构数字货币发展推向高潮。

第一节 机构数字货币兴起的原因

机构数字货币的发行主体以金融机构为主,高盛集团、摩根大通、瑞士联合银行等跨国银行均已获得发行数字货币的行政许可。

2017年7月,高盛集团的数字货币SETL Coin获得首个美国专利商标局认定的数字货币专利。2019年2月,美国最大商业银行摩根大通宣布推出摩根币(JPM Coin),希望通过摩根币降低客户的交易对手风险和结算风险,降低资本要求,实现即时价值转移。2020年,瑞银集团联合13家跨国金融机构,将推出基于分布式记账技术的"多功能结算币"(Utility Settlement Coin,USC),USC以美元、日元、欧元、英镑和加元5种主要货币计价,主要用于清算和结算交易。

金融机构发行数字货币的主要用途集中于跨境清算和结算交易。当前全球跨境支付体系以SWIFT(环球同业银行金融电讯协会)和CHIPS(纽约清算所银行同业支付系统)为核心。SWIFT和CHIPS汇集了全球大部分银行,在促进世界贸易发展、加速全球货币流通和发展国际结算方面发挥了积极作用,但由于效率低下、透明度低、费用高和耗时长等问题已被全球使用者所诟病。

利用 SWIFT 系统，通过电汇方式进行国际转账，需 3~5 个工作日才能到账，大额汇款通常还需要纸质单据，难以有效处理大规模交易。此外，SWIFT 系统凭借垄断优势获得了巨额利润，利用 SWIFT 系统交易费用较高。[①] 以数字货币为核心的跨境支付体系不仅能使支付效率得到极大提升，将传统的 3~5 个工作日缩短至 1 个工作日，同时交易费用也将大幅度下降，由传统系统的 7.21% 下降至 1% 以下。[②]

为解决跨境清算和结算交易中面临的成本和效率问题，一些金融机构开始构建基于区块链的跨境支付网络，发行数字货币，提高跨境交易效率，降低交易费用。目前，金融机构发行的数字货币主要应用于内部分支机构间、合作机构间的相互结算，一旦应用范围扩大至全球跨境支付，将会革新基于 SWIFT 和 CHIPS 的传统跨境结算系统，构建新的全球支付系统，极大地增强自身的金融服务能力。

降低运营成本，实现机构间的实时交易，减少对法定货币的依赖也是金融机构发行数字货币的一大动机。传统的跨境支付需通过汇入行、汇出行、代理行和中央银行等多个机构来完成，每个机构都拥有自己的账务系统，相互之间需进行交易记录、清算和对账，导致整个跨境支付周期较长，在途资金占用

---

① 黄奇帆. 首届外滩金融峰会演讲稿.
② 刘东民，宋爽. 法定数字货币与全球跨境支付[J]. 中国金融，2017(23).

量较大，资金使用率较低。对银行来说，为保持流动性，银行需持有多个国家的法定货币；对客户来说，要在不同的银行开展业务，需在各家银行开设保证金账户，每个保证金账户都会占用客户的资金。而利用基于数字货币的跨境支付网络，在支付网络内，交易双方以数字货币为"交易媒介"进行交易，极大地降低了对法定货币的依赖。以摩根大通为例，摩根大通的机构客户可以使用摩根币进行往来交易，减少全球各个子公司的美元持有数量。

此外，比特币等数字货币出现的目的是颠覆传统金融系统。凭借点对点传输的交易系统和遍布全球的交易所网络，比特币等数字货币已经形成了一个全球自由金融市场。虽然相较于传统金融市场，规模依旧较小，但随着其不断发展，可能会对传统金融体系产生一定冲击，到那时，传统金融机构也将受到影响。为顺应数字时代的发展，保持自身优势地位，金融机构积极投身于这场竞争中。

除金融机构外，发行数字货币的非金融机构以 Facebook 为代表。Facebook 推出的 Libra 被认为是一种超主权数字货币，将有可能重构全球的货币体系。Libra 的出现极大地推动了机构数字货币的发展，使机构数字货币成为数字货币发展历程中难以忽略的一股力量。

Libra 曾提到了这样三个问题：为什么我们不能用手机像给朋友发消息一样简单快速地转钱呢？为什么不能创造一种稳定、安全并且能在全世界范围内使用的货币？我们能不能让每个参与全球经济的人都平等地享受金融服务？Libra 希望建立一套简单的全球货币和金融基础设施，创造一种人人可用的"世界货币"。

受金融基础设施薄弱、金融服务成本较高等问题的影响，一些欠发达地区的金融需求尚未得到满足。根据 Libra 的介绍，全球仍有 17 亿成年人未接触到金融系统，无法享受传统银行提供的金融服务。而在这之中，有 10 亿人拥有手机，近 5 亿人可以上网。而 Libra 和其所能提供的金融服务，基于区块链网络，凭借无国界、去中心化等技术特性，不仅能扩大金融服务范围，并且能在一定程度上消除第三方金融中介的存在，简化金融服务流程，降低金融服务成本，实现普惠金融的初衷。①

第二节　机构数字货币发展的关键节点

1. 高盛集团 SETL Coin：首个获得美国专利商标局专利认定的数字货币

2017 年 7 月，高盛集团的数字货币 SETL Coin 成功获得美国

---

① 蒋照生，孙宇林. 货币互联网的超级实验：Facebook Libra 解析[R]. 零壹智库，2019.6.

专利商标局的专利认定，成为美国首个获得专利认定的数字货币。

SETL Coin 主要用于证券交易系统，用户可以使用 SETL Coin 购买谷歌、微软等企业的数字化股票，也可以兑换比特币、莱特币等数字货币。高盛集团希望通过 SETL Coin 来解决当前证券交易过程中清算效率低下的问题，但并没有解释 SETL Coin 的具体工作原理。

虽然 SETL Coin 仅应用于证券交易，而未被广泛应用于支付系统，但 SETL Coin 的推出标志着美国金融机构开始逐渐应用数字货币。

2. 摩根大通 JPM Coin：首个由大型银行正式推出的数字货币

2019 年 2 月 4 日，美国最大的商业银行摩根大通宣布推出摩根币（JPM Coin）。在此之前，摩根大通总裁杰米·戴蒙（Jamie Dimon）曾公开表示，"比特币是一场骗局，比当年的郁金香泡沫还要糟糕"。摩根大通对数字货币的态度由蔑视转向了积极参与，表明传统金融机构开始高度重视数字货币的发展。摩根币被用于摩根大通的区块链网络（Interbank Information Net, IIN），代替法定货币充当结算工具，摩根大通计划利用 IIN 链接 400 家银行，替代 SWIFT 系统。

摩根币与美元挂钩，可实现与美元 1∶1 兑换，即 1 个摩根币的价值相当于 1 美元。在发行总量上，摩根币并没有明确设置发行总量上限。

摩根币在摩根大通开发的私有链项目 Quarum 上发行，面向 B 端用户，只有经过监管审查的摩根大通的机构用户（如公司、银行和经纪自营商等）才可以获得和使用。摩根币主要用于机构间的即时支付场景，摩根大通希望通过摩根币降低客户的交易对手和结算风险，降低资本要求和实现即时价值转移，为区块链技术应用带来显著改变。

摩根币的运行模式主要分为三步：（1）摩根大通的机构客户将存款存入指定账户后，收到等量的摩根币；（2）摩根币通过区块链网络，被客户用于与摩根大通的其他客户进行支付交易；（3）收到摩根币的机构客户可以在摩根大通将其兑换成美元（见图1）。

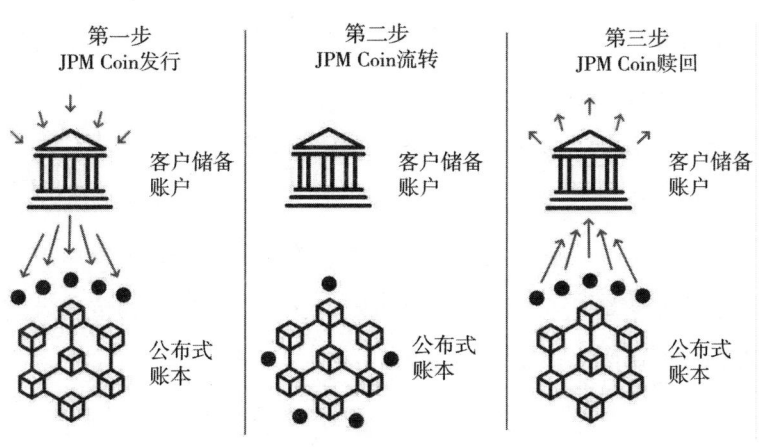

图1 摩根币工作原理图

资料来源：摩根大通官网。

摩根币于 2019 年 2 月推出时，当时仍处于模型开发阶段。在 2019 年的"JPMorgan Chase 2019 Investor Day"上，摩根大通对该项目再次进行披露，表示这是摩根大通在国际结算领域的重要项目，并有望在近期开始试运行。

3. 瑞银集团 USC：首个由多家金融机构联合推出的数字货币

"多功能结算币"（Utility Settlement Coin，USC）具有区域性跨境数字货币特征，由瑞银集团、巴克莱集团、纳斯达克、瑞士信贷集团、纽约梅隆银行公司、加拿大帝国商业银行、道富银行、德国商业银行、桑坦德银行、荷兰国际银行、比利时联合银行、劳埃德银行、三菱 UFJ 银行和三井住友银行等 14 家金融机构联合推出。这 14 家金融机构共同投资成立了一家名为 Fnality International 的合资公司，该公司负责管理 USC。USC 是国际大型金融机构首次联合开发的数字货币。

在发行模式上，USC 以美元、日元、欧元、英镑和加元 5 种货币计价，以中央银行的储备现金为抵押。USC 主要用于跨境清算和结算，通过降低结算风险、交易对手风险和市场风险等降低市场成本，提高交易效率。

USC 一旦正式推出，将对传统的跨境支付体系产生冲击。金融机构通过 USC 结算系统便可以进行支付、交易，这样就绕过了传统跨境体系下的 SWIFT 和 CHIPS 系统。目前，USC 结算系统由 14 家银行联合开发，后期随着参与机构数量的增加，可能将变成全球性支付交易系统。

4. Facebook Libra：机构数字货币发展的转折点

2019年6月，Facebook的数字货币项目Libra正式发布白皮书并上线测试网络。Facebook试图建立一套简单的、无国界的数字货币和为数十亿人服务的金融基础设施，并希望两者结合起来能兑现"货币互联网"的承诺。

Libra被认为是一种超主权数字货币，会对全球货币体系产生威胁，一经推出便备受争议，并遭受了各国监管层的质疑和抵制。原本要在2020年第一季度正式发布的计划近乎渺茫。但不可否认的是，Libra的推出将机构数字货币发展推向了高潮，也促进了各国央行法定数字货币的研发。

Libra打破了传统意义上的主权界限，不受任何主权国家的独立监管，由Facebook牵头联合28家初始创始机构（截至2020年2月，已有8家机构退出）共同推出，这些机构可以为Libra提供信用背书，并且提供规模巨大的且覆盖全球的用户群体。并且这些创始机构每家会提供至少1000万美元作为储备金。Libra曾宣称，希望Libra成为一个不受华尔街控制，也不受中央银行控制的新金融系统的基础设施。

作为一套金融基础设施，Libra计划通过应用自己的Calibra电子钱包或者Facebook旗下Messenger/WhatsApp等即时通信软件，提供覆盖全球的金融交易和转账服务，致使商业银行的地位将受到威胁。

第三节　机构数字货币的主要应用场景

机构数字货币具备想象空间的应用场景非常多，就目前来看，跨境支付和证券交易是两大应用场景。在这两个场景中，应用数字货币的目的主要是解决传统金融系统中存在的效率低下、成本较高的问题。

1. 跨境支付场景

在跨境支付中最常用的支付方式是电汇。电汇指汇款人将一定的存款存入银行，银行通过SWIFT的方式向收款人所在地分行或代理行发送交易信息，要求其支付收款人款项的一种汇款方式。传统的电汇支付方式需建立在交易双方相互之间可信赖的基础上。电汇包括货到付款和预付货款两种模式，在这两种模式下，交易双方权利、义务不对称，一旦一方违约，另一方可能会面临财物两失的风险。

在具体支付环节，整个资金周转的流程主要分为支付发起、资金转移和资金交付三个环节（见图2）。首先，在支付发起环节，汇出行在收到汇款人的汇款申请后，需要先对汇款人的身份和交易的真实性进行核验，再确认款项，处理汇款业务。在这一阶段，汇出行在对汇款人和收款人的身份进行核验时，相关信息一般依靠人工收集，效率较低。而且由于涉及跨国客户，对客户身份信息相关资料掌握有限，资料可信任程度较低，容易产生欺诈风险；在资金转移阶段，作为 SWIFT 成员方的汇出行可以通过 SWIFT 网络进行汇款，而非成员方需通过汇入行当地的代理行进行汇款，整个资金转移阶段涉及汇出行、汇入行、代理行和中央银行等多个机构，由于每个机构都有自己的账务系统、结算系统，导致整个资金流转过程耗费时间较长、成本较高；在资金交付环节，汇入行将款项兑换成当地货币交付给收款人，与支付发起环节一样，身份核验是一大难点。①

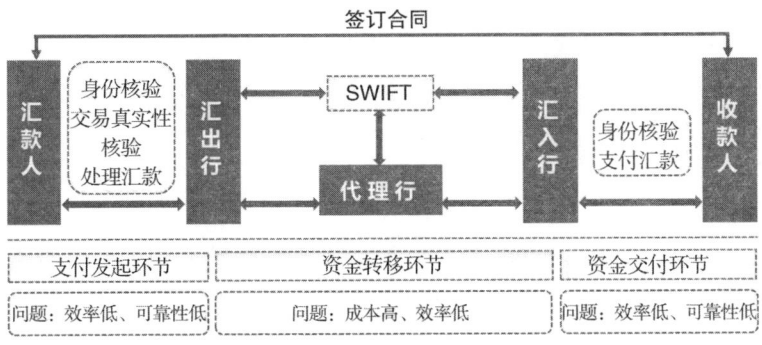

图 2　电汇传统模式及其痛点

资料来源：零壹智库。

利用区块链技术，将所有参与方加入支付网络，可以构建一套点对点、无中介且交易双方可信任的跨境支付体系。相较

---

① 许嘉扬. 基于区块链技术的跨境支付系统创新研究[J]. 金融教育研究，2017（06）.

于传统跨境支付，基于区块链的跨境支付网络可以在一定程度上解决传统模式下跨境支付的痛点和问题。

2016年，Ripple曾构建了一个基于瑞波币（XRP）的全球跨境支付体系，现已遍布全球六大洲和40多个国家的300多家机构。Ripple的跨境支付系统主要基于两个核心机制：一是基于Ripple协议的加密货币XRP，它可以在整个Ripple网络中自由流动；二是引入网关系统，它类似于金融中介，客户可以通过网关系统将法定货币或其他加密货币兑换成XRP再进行交易。但Ripple系统构建的基于XRP的全球跨境支付体系不同于金融机构的跨境支付网络，在Ripple系统中流转的XRP背后无可审计的金融资产为支撑，不属于机构数字货币。

机构数字货币在跨境支付系统中的作用和Ripple系统中的XRP类似。在跨境支付过程中，机构数字货币充当"交易媒介"，代替法定货币在交易系统中流转。付款方首先将本国的法定数字货币兑换成机构数字货币并存储在数字钱包中，然后利用区块链跨境支付网络传输至收款方的数字钱包，当收款方收到款项时，可以将数字货币再兑换成当地的法定数字货币。由于交易过程中不涉及中介机构，交易双方可以实现端到端支付，这可以有效降低不同支付机构之间的清算成本，缩短交易时间。

此外，基于区块链的跨境支付网络以机构数字货币为"交易媒介"，在资金流转过程中，无须额外储备其他法定货币，也减少了对法定货币的占用。

2. 证券交易场景

在证券交易这一场景中，数字货币主要被用于清算与结算环节。清算与结算是证券交易的最后环节，包括资金的清算交付和证券的结算过户。在证券交易过程中，买卖双方"背对背"交易，无须了解对方的真实信息，资金的清算交付和证券的结算过户都通过特定的结算系统进行。在这种模式下，交易双方均会面临信用风险，一旦对方出现破产或支付困难，交易将难以达成，另一方将面临财产风险。为解决证券交易过程中的信用风险问题，目前，世界各国的证券交易机制主要是中央证券存管机制。

在中央证券存管机制下，证券的清算与结算流程较为复杂，涉及多方参与者，证券的转让通过中央存款机构实现，资金的划拨则需通过银行体系。在结算与清算过程中，不同金融机构间的基础设施架构、业务流程和账户系统各不相同，彼此间需建立代理关系，每笔交易在不同金融机构记账后，相互间还需清算、对账，其中还会涉及大量人工操作，不仅效率低下，且易出现差错，导致整个流程成本较高、花费时间较长。①

为此，一些金融机构将区块链技术应用于证券交易过程，建立分布式证券交易系统，解决中央证券存管机制下的证券结算与清算效率低下、成本较高的问题。在分布式证券交易系统中，证券清算与结算环节的各参与节点直接实现信息的交换，

---

① 任春伟，孟庆江. 区块链与证券清算结算[J]. 中国金融，2017（05）.

无须依赖第三方中介，交易成本降低，交易效率提升。区块链技术利用程序算法和计算机技术重塑了证券交易的信任机制，使买卖双方在不依赖第三方中介机构的前提下，实现"面对面"交易，直接完成清算与结算过程。

在分布式证券交易系统中，机构数字货币的功能和在跨境支付过程中的角色类似，机构发行数字货币后，该机构的客户可以使用机构发行的数字货币购买证券，这不仅可以提升清算与结算效率，还可以减少对法定数字货币的占用。以摩根大通为例，2019年4月，摩根大通在区块链平台测试了债券发行，模仿了加拿大国民银行发行1.5亿美元一年期浮动利率扬基存款凭证（CD）。机构投资者可以使用摩根币，而非依靠电汇购买债券，这有助于实现即时结算，提高结算效率。

第四节 机构数字货币发展面临的问题

机构数字货币当前仍属于私人机构的一项创新应用，可以从一定程度上降低机构营运成本、提高运作效率。但机构数字货币以区块链技术为基础，由可信任的大型机构做背书，不仅在技术、安全和设计模式上存在问题，还将对传统金融秩序造成挑战，对现有的金融监管体系产生冲击。机构数字货币在未来能否实现大规模应用，仍然存在诸多的不确定性。

从机构数字货币的发展情况看，当前推出的机构数字货币多以区块链为底层技术。而区块链发展尚处于起步阶段，业务处理性能不足。在区块链网络中，参与节点数量众多，且每个节点均拥有记账权，所有的交易结果和支付记录都要同步到全网节点，这不仅使交易处理需消耗较高的计算资源，花费较高的时间成本，而且导致数据的冗余备份量大，存储空间消耗较多，这些问题严重影响了系统的处理性能。[①] 此外，由于区块链技术以区块链作为存储交易信息的基本单元，每个可信区块需依靠全网节点完成足够的计算量后才能生成，导致区块链生成速度慢。

从安全性来看，区块链技术存在内生性的安全风险，即掌握全网 51% 的算力即可改写区块链数据，这种情况一旦发生，将会对区块链网络产生巨大冲击。同时，由于区块链网络中的各参与节点均可获取交易的完整历史数据副本，且能解读全部历史交易信息，容易造成隐私泄露的风险。而且目前区块链技术发展处于早期阶段，在安全方面可能存在一些未知漏洞，一旦系统出现问题，交易难以取消或撤回，容易造成较大风险。

除技术上面临的问题外，机构数字货币在发行模式设计上也存在一些问题。以 Facebook 的 Libra 为例，由于设计模式上的不足，Libra 面临超发风险和流动性风险。首先，Libra 的治理模

[①] 穆长春，狄刚，吕远，钱友才，卿苏德. 区块链技术的发展与管理[J]. 中国金融，2020（04）.

式为协会运营管理模式,一旦出现协会成员"凭空"发行Libra,即Libra发行不按照1∶1比例进行资产储备,这将导致Libra超发,购买力下降。Libra虽以银行存款和短期国债等流动性较好的资产作为发行储备,但由于其参与节点为各行业的私人机构,并无国家信用支撑,一旦节点成员破产,Libra的持有者产生恐慌心理,将引发大规模的Libra兑换发币行为,为Libra带来流动性压力。①

但真正制约机构数字货币发展的主要因素是其面临的监管问题。机构数字货币由可信任的机构发行,并以一定的金融资产为支撑,这些机构的用户基础规模庞大,有可能形成覆盖全球的金融基础设施,对现有金融体系产生冲击。而且在一些经济体量较小的国家,国民对主权货币的信任度较低,发行机构数字货币的机构一旦建立了优于政府的金融基础设施,这些国家的主权货币将被机构数字货币取代。面对机构数字货币的冲击,监管层在机构数字货币的发展上将持谨慎态度。除此之外,机构数字货币一旦大规模应用,监管层面临的反洗钱和反恐难度将进一步加大,机构数字货币信息隐蔽、交易便捷,犯罪分子将利用其进行洗钱或敲诈勒索。因此,机构数字货币目前尚未获得监管层的大力支持,监管层对机构数字货币的发行和应用往往持谨慎态度。

---

① 任泽平,甘源,等.Libra研究报告:区块链加密数字货币[R].泽平宏观,2019.10.

BLUE BOOK OF
DIGITAL CURRENCY

第四章

法定数字货币

第四章 法定数字货币

随着数字经济的发展,全球多家金融机构已经开始通过提供新的货币形式和新的支付方式来改变人们的支付习惯,一些国家已经或正在进入"无现金社会"。这样的变化在给世界银行业带来重大历史机遇的同时,也为维护货币和金融稳定带来了重大挑战,同时引发了人们对涉及货币与金融等领域一系列问题的深刻思考。如今各国央行正面对一个迫切需要被解决的问题,那就是:作为经济社会中最安全、最受信任的法定货币的发行者,是否应该发行与数字经济相适应的法定数字货币,或称为央行数字货币(Central Bank Digital Currency,CBDC)?

由于法定数字货币会与社会经济生活的各方面产生关联,因此一国是否要引入法定数字货币需要经过非常缜密的设计。

第一节 全球各国对法定数字货币的态度及研发进展

Facebook 的 Libra 计划发布以后,包括中国在内的众多国家对法定数字货币的兴趣有所增加,但各国对法定数字货币的探索和实践方面差异明显。一些国家的央行（以中国人民银行为代表）正积极开展法定数字货币项目的试点工作，探索发行法定数字货币的可行性；另一些国家的央行正在法定数字货币方面做有限的探索和研究，他们只是将发行法定数字货币作为多种解决方案之一；此外，还有一些国家的央行表示没有立即发行法定数字货币的需要，而是专注于改善现有的支付体系和监管安排。

1. 支持发行或已经着手研发法定数字货币的国家和地区

欧盟

欧洲央行设立了数字货币专门委员会，预计将在2020年中期完成关于法定数字货币的报告，以研究和探索法定数字货币的多种形式及其利弊。欧洲央行正致力于开发保护用户隐私的法定数字货币支付系统，并开启了一个法定数字货币匿名性的概念验证（PoC），此即其正在进行的法定数字货币研究的一部分。

法国

法国央行行长德加洛曾公开表示，法国央行已经开始探索法定数字货币的可行性，并将在2020年第一季度末之前发布相关项目进展。德加洛还表示法国热衷于参与数字货币的创新，但需要认真和有条不紊地试用新技术。

新加坡

新加坡金融管理局（MAS）2016年开始就主导启动了一个

叫 Ubin 的国家数字货币项目，这个项目的发展分为三个阶段，在最后一个阶段，他们的目标是发行央行的法定数字货币，并扩展到与其他国家央行在该项目上的进一步合作。

瑞典

瑞典中央银行与咨询公司埃森哲签署协议，共同为被称为"电子克朗"的法定数字货币创建一个试点平台。瑞典央行在一份声明中称，该试点项目的主要目标是扩大银行对电子克朗技术可能性的理解。近年来，瑞典的现金使用量迅速下降，瑞典央行一直在考虑是否应发行数字货币，以此促进发展安全高效的支付系统，目标是在 2021 年实现现金的数字化。如果瑞典电子克朗的试点项目进展顺利，其有可能成为世界上首个发行法定数字货币的国家。

巴哈马

巴哈马央行于 2019 年 5 月 30 日就开发法定数字系统达成正式协议，计划将于 2020 年全面采用数字货币。

泰国

泰国央行根据应用场景探索法定数字货币的解决方案，并推动其法定数字货币在机构间的使用。泰国央行的法定数字货币解决方案可以在其 8 个合作方银行中应用数字货币实现清结算。

土耳其

土耳其总统埃尔多安曾做出指示，要求其政府在 2020 年完成对国家法定数字货币的测试。根据土耳其 2020 年年度计划，土耳其央行计划发行基于区块链的"国家数字里拉"。

委内瑞拉

委内瑞拉率先推出了世界上第一个政府信用背书的主权加密货币——石油币（Petro）。石油币的白皮书显示，该主权加密货币与石油资源锚定，每一枚石油币都以委内瑞拉的一桶石油储备作为背书。

加纳

西非国家加纳计划发行一种国家数字货币，加纳银行行长已经于2019年加纳年度银行业会议上宣布该国央行将探索数字货币试点项目，并表示有可能在不久的将来发行电子版的加纳法定数字货币"电子塞地"。

厄瓜多尔

厄瓜多尔是采用法定数字货币最早的国家之一。厄瓜多尔早在2014年12月就宣布了自己的电子货币（Dinero Electronico, DE）。DE于2015年2月正式运行，以琥珀蜜蜡为价值载体。

塞内加尔

塞内加尔基于区块链的数字货币名为eCFA，享有与该国官方货币非洲法郎（CFA Franc）同等的法律地位。eCFA完全依赖于央行银行系统，并且只能由授权的金融机构发行，因此，eCFA被设计为与纸币一起作为法定货币进行流通。

马绍尔群岛

2018年2月，南太平洋主权国家马绍尔群岛通过颁布法律的形式确定发行法定数字货币——Sovereign（SOV）。由于马绍尔群岛没有中央银行，此前一直以美元作为官方货币。2018年发行的SOV将会和美元一起作为法定货币在该国流通。

乌拉圭

2017年12月，乌拉圭央行宣布推出一个为期6个月，名为"数字票据发行试点计划"的法定数字货币项目电子比索（e-Peso）。

荷属库拉索岛和圣马丁岛

荷属库拉索岛和圣马丁岛中央银行2018年8月宣布将探索发行"数字荷属安的列斯盾"的可能性，以促进库拉索岛和圣马丁岛货币联盟系统内的金融支付。

东加勒比国家组织

东加勒比中央银行（ECCB）开启了一个基于区块链的中央银行数字货币试点，并准备在2020年发行地区法定数字货币。

2. 态度中立并持续关注央行数字货币的国家和地区

美国

美联储主席鲍威尔曾在回应美国国会议员福斯特有关是否计划发行国家数字货币的问题时表示，尽管美联储目前尚未有开发法定数字货币的计划，但正在研究法定数字货币及其可能带来的问题和风险。前美联储主席格林斯潘曾表示，是否发行法定数字货币，是一个政治问题，而不是经济问题。

瑞士

瑞士联邦委员会通过了一份审查引入电子法郎（e-franc）

的机会和风险的报告，得出的结论是，普遍推行的央行法定数字货币目前不会给瑞士带来额外的好处。相反，它将引发新的风险，特别是在金融稳定方面。联邦委员会和瑞士央行将继续密切关注这一领域的发展。

英国

虽然目前英国央行没有明确推出法定数字货币的计划，但英国央行行长卡尼认为应当效仿 Libra 推出类似的法定数字货币以替代美元作为国际储备货币。

加拿大

加拿大央行副行长连恩表示，目前尚没有理由发行数字货币，但如果未来需要可能会为此做好准备。

印度

印度央行行长认为现阶段谈论法定数字货币"还为时过早"，但印度央行正在对此进行研究，并且还与其他国家的政府和央行进行了讨论。

立陶宛

立陶宛央行在其发布的一份研究报告中概述了具有不同特征的多种类型法定数字货币的可能性，包括零售型、批发型和有息法定数字货币。立陶宛央行原计划于 2020 年春季发行一款基于区块链的数字纪念币。

突尼斯

曾被媒体传得沸沸扬扬的突尼斯数字版第纳尔曾被视为该国为推动国内金融制度改革而进行的创新，但 2019 年突尼斯政府否认了相关报道的真实性。

英属维京群岛

有媒体曾报道英属维京群岛政府宣布，将与区块链初创公司 LIFELabs 合作创建 BVI–LIFE，即一种在英国海外领土内使用的稳定币，后该国政府也否认了相关报道。

3. 明确表示暂不考虑法定数字货币的国家和地区

德国

德意志联邦银行行长表示，数字化中央银行资金的广泛使用可能会产生"严重后果"，在没有经过深思熟虑的情况下，不应引入法定数字货币。

日本

日本央行正在研究数字货币对货币体系的影响，不过日本央行行长黑田东彦曾公开表示，当前一段时间内日本央行没有推出数字货币的需要。

韩国

韩国央行表示，目前还没有发行政府控制的数字货币或法定数字货币的计划。韩国央行负责数字支付研究的官员称，央行不应匆忙发行法定数字货币，韩国也不必急于赶上最新的趋势，且法定数字货币的安全性和稳定性尚未得到证实。不过在 2020 年 4 月，韩国央行启动了与法定数字货币相关的试点计划，旨在确定创建和发行法定数字货币所需的必要技术和法律规定。

俄罗斯

俄罗斯央行行长表示，俄罗斯暂时没有像中国一样推出央行法定数字货币的强烈理由，但俄罗斯央行仍在做相关研究。俄罗斯还曾与委内瑞拉共同讨论俄罗斯卢布与委内瑞拉的"石油币"实现双边贸易结算的可能性。

第二节　为何选择法定数字货币？七项优势及五大挑战

国际货币基金组织曾指出，发行法定数字货币存在七项优势同时面临五项挑战，各国必须根据实际情况权衡发行法定数字货币的利弊。

1. 七项优势

（1）降低现金管理成本：在一些国家，由于领土辽阔，或者存在包括小岛屿在内的偏远地区，管理现金的成本非常高，央行的法定数字货币可以降低相关成本。

（2）实现普惠金融：法定数字货币可以为公众提供一种安全、流动性强且由政府支持的支付方式而不需要个人持有银行账户。一些国家的央行认为，在现金使用日益减少的数字时代，尤其是在银行普及率较低的国家，这一点至关重要。

（3）保证支付系统的稳定性：对于支付系统日益被掌控在少数几家大公司手中，一些国家的央行表示感到担忧。在这种背景下，法定数字货币被视为增强支付体系弹性的一种手段。

（4）增加市场竞争性和维护市场秩序：央行发行法定数字货币被认为是限制支付行业大型企业寻租空间的一种手段，因为法定数字货币可以增加支付市场的竞争性。

（5）应对新型数字货币的挑战：发行法定数字货币还被认为是与私人发行的数字货币（其中很大一部分是以美元计价）竞争的有益且必要的手段。以政府信用为基础、以本国记账单位计价发行的法定数字货币，将有助于减少或阻止难以被监管的私人发行数字货币的使用。

（6）支持分布式账本技术（DLT）的发展：基于DLT的法定数字货币可以用于支持相关数字资产在市场上的流通。随着数字经济的发展，数字资产势必激增，那么基于DLT的法定数字货币将反过来支持相关技术的发展，例如，在数字资产的交易中利用智能合约实现交易的自动化。

（7）便利货币政策实施：有学者认为法定数字货币是加强货币政策传导的一种手段。他们认为，计息的法定数字货币将提高经济对政策利率变化的反应。此外，只要现金成本高昂，就可以在长期危机时期利用法定数字货币实现负利率，从而打破"零利率下限"的约束。

2. 五大挑战

（1）银行中介地位被削弱：如果人们因为法定数字货币的信用度更高而大量持有法定数字货币，并在商业银行将存款兑换为法定数字货币，那么商业银行的运营成本将大大提高，或者提高存款利率以留住客户。商业银行的利润在这种情况下将大大缩水，并可能对贷款收取更高的利率。法定数字货币与商业银行存款竞争的程度将部分取决于法定数字货币是否付息，发行不计息的法定数字货币才是最接近替代现金的操作。

（2）"挤兑风险"：在危机时期，银行的客户可能会将存款兑换为法定数字货币，因为法定数字货币被认为更安全且流动性更强。许多国家已经具备安全且流动性相对较高的资产，并且存款保险可以防止银行挤兑的发生。但一旦发生挤兑，法定数字货币仍会比现金更受欢迎。此外，在世界上许多国家，银行挤兑通常与货币挤兑（源于货币贬值）具备一致性，即不管是否推出法定数字货币，储户都会选择兑换外币避险。

（3）中央银行的资产负债表和信贷配置问题：如果市场对法定数字货币的需求很高，那么中央银行的资产负债表可能会大幅扩张。另外，中央银行可能需要向有快速和大量资金流出需求的商业银行提供流动性，而中央银行将因此承担信用风险，并且必须决定如何在商业各银行之间分配资金。

（4）法定数字货币产生的国际影响需要做进一步研究：可跨境流动的，成为储备货币的法定数字货币可能会在高通胀、汇率波动较大的国家中更多地成为替代货币。对法定数字货币的这些展望及其对国际货币金融体系的影响仍需要做进一步研究。

（5）中央银行的成本和风险：对各国来说，发行法定数字货币的成本可能非常高，并且附带央行信誉风险。一个成熟的法定数字货币方案，要求央行积极参与支付价值链的多个环节，包括与客户的交互、前端钱包的构建、技术选择与维护、交易监控、反洗钱和打击恐怖主义融资等。由于技术故障、网络攻击或仅仅是人为的错误都可能会损害中央银行的声誉。

第三节　常见的法定数字货币设计模式

虽然已经有相当一部分国家在推进法定数字货币的研发，但法定数字货币的概念在不同国家和地区有着不同的设计模式考虑。常见的法定数字货币设计有两种主要的模式考量，一种是围绕批发与零售两种模式设计，另一种围绕是否付息来设计。

1. 批发型与零售型法定数字货币

批发型法定数字货币只用于银行之间或银行与其他机构之间的大额转账，批发型法定数字货币并不是全天候运行的，一种可行的批发型法定数字货币运行模式是银行在每个营业日开始用账户中的部分资产做抵押，并按一定比例兑换法定数字货币，等到当天营业时间结束时再把法定数字货币兑换回一般资产，同时中央银行要销毁兑回的法定数字货币。这意味着批发型法定数字货币只能在工作日交易时间段内存在，并且不会对中央银行的资产负债表产生影响。

批发型法定数字货币的用户必须在中央银行开设账户，而目前能在中央银行开设账户的一般就是金融机构，对这些机构来说，使用批发型法定数字货币的目的是用大额数字货币支付结算系统提高支付结算效率、降低成本和流动性风险并增加安全性。

而零售型的法定数字货币直接面向普通民众发行，对零售型法定数字货币感兴趣的国家一般可以分为这样四类：一是体量较小的经济体，维持现钞发行和管理需要较高的成本；二是美元化的国家或地区，如马绍尔群岛和拉美一些国家，国家货币主权已经沦陷，铸币税收落入外国之手；三是一些不发达的经济体，希望借助零售型法定数字货币改善其落后的支付体系，对这些国家来说，发行零售型法定数字货币是提高金融包容度和扩大普惠金融受众面的良机；四是已经或正在朝着"无现金化社会"发展的一些经济体，如瑞典和中国。

2. 付息与非付息法定数字货币

法定数字货币最重要的设计决策即是否对其支付利息。这里，一国央行的法定数字货币可以像纸币一样，持有是无利息的；也可以像中央银行存款准备金、银行存款和许多其他金融资产一样是付利息的。

在稳定的经济条件下，付息比率将是决定法定数字货币相对于其他货币形式吸引力的关键因素。同时，法定数字货币是否付息也决定了其被广泛采用的程度、金融脱媒程度以及它将如何影响货币和金融体系的稳定。

（1）非付息法定数字货币

非付息的法定数字货币基本上就是数字版的现钞。虽然这可能是一种有吸引力的无风险货币形式，但相对于付息的法定数字货币，家庭和企业大幅增加对非付息法定数字货币需求的动机仍然很弱。此外，非付息法定数字货币对银行系统信贷能力的影响也比较低。在当前普遍低利率环境下，虽然银行存款支付的利息相对较低，但可能还不足以推动人们转向非付息法定数字货币。

非付息的法定数字货币不会直接将银行利率的变化传递给数字货币持有人，也不太可能对货币市场的利率产生重大影响。但非付息的法定数字货币仍可能对货币政策产生重要影响。尤其是非付息法定数字货币可能会强化利率下限，或者说非付息法定数字货币可以让一国央行的货币政策更好地在"负利率"条件下运行。

这里，"负利率"是指在一定的经济期内，存款利率（通常为一年期定期存款利率）小于同期 CPI 的上涨幅度，这时居民的银行存款随着时间的推移变得"缩水",购买力逐渐降低。实施负利率政策的目的在于提高在银行存款的成本,以变相鼓励消费和信贷,引导资金重新流入市场,带动经济发展,为经济稳定增长奠定基础。

在2017年博鳌亚洲论坛上,时任中国人民银行行长的周小川表示,在经济处于通货紧缩时,央行会动用货币政策工具箱中的负利率政策,但现实中负利率政策往往效果有限,这是因为相较于将钱存在银行,人们会选择持有现金,可见现金在某种程度上会对"负利率"的使用造成障碍。而如果发行了法定数字货币,使得流通中的现金数量大幅减少,人们的钱都在数字账户中,通过数字货币系统的管理,负利率就可以在刺激经济和消费方面发挥更大的作用。

(2) 付息法定数字货币

法定数字货币付息可能会对货币政策的传导机制产生若干影响。首先,付息的法定数字货币更接近于银行存款的替代品,它可能导致货币政策更快、更充分地传导至存款利率。这意味着,随着法定数字货币付息率的变化,银行可能会调整存款利率,以避免法定数字货币相对存款的吸引力发生较大增加。其次,付息的法定数字货币增加了家庭和企业将更多资金转向法定数字货币的动机,从而增加了银行中介地位被削弱的可能性。

如果一国央行决定发行付息法定数字货币,但又担心银行业会受到影响,那么除了设定总体付息率外,还可以改变付息结构,即根据不同情境对付息进行"分级",例如,低于一定数量的法定数字货币少付息甚至不付息,或者在发行法定数字货币时为非付息但未来对付息开放的可能性。

第四节 法定数字货币对现有货币经济体系的影响

一国是否引入法定数字货币需要对许多基本问题做出评估,其中比较引人注目的是法定数字货币对现有货币经济体系能够产生的影响。

1. 中央银行角色的变化及可能发生的影响

法定数字货币的发行涉及金融市场的众多参与者,政府、央行在金融体系和整体经济中的角色、作用也将发生变化。有了法定数字货币,一国央行可以以金融中介的角色发挥更大的作用。例如,随着市场对法定数字货币需求的增加,如果现金持有量没有同步下降,央行可能需要购买(或接受作为抵押品)额外的主权债权以及规模大小不同的私有化资产(如证券化抵押贷款、交易所交易基金等)。而如果对法定数字货币的需求变得非常大,央行可能需要持有流动性更差、风险更大的证券,从而对这些证券的价格产生影响,并进一步可能影响市场发挥作用的空间。因此央行可以通过法定数字货币扮演市场中更重要的角色,并对金融体系产生更大的影响。

鉴于央行的法定数字货币可能对当前双层银行运营体系构成的挑战,在发行法定数字货币前,就需要更好地理解其结构性影响。从基础设施的角度来看,一国央行的法定数字货币必须采用适当的技术和设计,并创建所需的配套基础设施和治理体系,以管理法定数字货币。这些都可能导致巨大的运营需求和相关成本,并产生新的风险。

不同的法定数字货币设计可能会影响中央银行的铸币税收入。与此相关的是,如果法定数字货币是付息的,那么央行将直接面对市场上的利益相关者,这些利益相关者可能会不时对央行施加法定数字货币的调息压力。此外,法定数字货币与现有货币体系的并存还可能导致产生套利空间,并引发争议。

2. 对银行商业模式的影响

法定数字货币的发行将对支付市场的结构产生深刻影响。就法定数字货币进一步向非银机构开放支付业务而言,商业银行将眼睁睁地看着自己与支付相关的收入受到竞争加剧的侵蚀。法定数字货币可以对银行的金融中介模式产生很大的影响。中央银行资产负债表扩大的后果很可能就是资金撤出商业银行。例如,大量银行存款兑换成法定数字货币可能导致银行失去低成本和稳定的资金,一般来说,这种损失的规模取决于用户对使用法定数字货币所能带来的便利性和成本的衡量。商业银行可以尝试通过提高利率来防止存款损失，或者寻求资金来弥补资金外流，但后者的成本可能更高。

因此，部分国家发行法定数字货币可能出现的结果是一些商业银行为了保持盈利能力而提高利差和交易费用，商业银行将不得不收缩其资产负债表，进而产生不利后果。法定数字货币如果作为资产来持有从而吸引了大量的需求，那么也可能改变原来由银行主导的融资市场的结构和功能。商业银行的商业模式因此必须适应法定数字货币可能带来的变化。

3. 对金融稳定性的可能影响

法定数字货币，尤其是付息的法定数字货币的发行可能会让银行试图通过从事风险更高的贷款形式来抵消更高的融资成本，从而恢复盈利能力，这可能会带来金融稳定风险。可以说，法定数字货币最明确的金融稳定风险来自它可能促使人们从商业金融机构转向中央银行。

一旦发生系统性金融风险，无论是发达经济体还是新兴市场国家，资产往往会向更安全的部分转移，而在法定数字货币发行的背景下，将有更多资金"逃往"中央银行，从而使商业银行面临"数字挤兑"，因为即使世界各国都有比较健全的存款保险，无风险的法定数字货币还是一个更安全的选择。

4. 跨境和全球视角下的影响

在跨境交易中，如果非本国居民被允许持有和交易法定数字货币，将产生诸多影响。例如，由于对涉及某国法定数字货币分发中介的管辖权，因此可能更难应用反洗钱等要求。同样，如果外国银行能够购买、接收或以其他方式持有一国的法定数字货币，那么还可能会出现法律和操作风险问题。此外，工具越匿名、转移机制越分散，跨境活动、套利和隐蔽交易的机会就越大，央行的声誉风险也就越大。而对一些经济体来说，跨境发行法定数字货币可能会增加对本币的替代，从而使货币总量变得不稳定，并改变货币工具的选择。

BLUE BOOK OF
DIGITAL
CURRENCY

第五章

数字货币的监管之路

第五章 数字货币的监管之路

面对数字货币的不断崛起，越来越多的国家认识到了数字货币的商业应用价值。多国央行也开始研究数字货币相关技术，积极推出法定数字货币。但去中心化数字货币和机构数字货币的监管问题，仍是全球各国当局面临的一项难题。这类数字货币通常具有去中心化、匿名性和全球性等特点，为现有金融监管体系造成了较大挑战，是各国的监管重点。各国监管部门针对本国国情和金融环境，推出相应的监管措施，并根据数字货币市场发展情况不断调整相应的监管内容。

第一节 全球面临的数字货币监管难题

1. 数字货币监管处于初级阶段，监管体系尚不完善

监管的发展往往落后于技术创新。目前，全球数字货币监管体系仍旧处于早期发展阶段。数字货币属于一项创新性事物，现有监管体系难以很好地适应数字货币相关产品和服务。现有监管体系没有涉及数字货币的定位、法律地位和运行规则等相

关内容，对数字货币相关服务提供商以及交易参与者的权利和义务也没有做出明确界定。

如果将现有监管体系应用于数字货币监管，通常难以取得预期的效果。为此，一些国家推出了针对数字货币的监管模式和监管法律，但由于之前并无可参考案例，监管力度往往很难把控，一旦监管条件严苛，会阻碍数字货币的发展，而监管松散，又易产生风险，为监管政策的制定带来了挑战。此外，数字货币通常以区块链为底层技术，涉及计算机、经济和法律等不同领域，监管主体在制定监管政策的过程中需平衡多方关系，构建系统性监管框架，某一领域监管的缺失可能导致整个数字货币监管无效，这也在一定程度上增加了监管难度。

2. 不同程度去中心化、匿名性和跨国性导致的监管难

数字货币的发行模式不同于法定货币，去中心化数字货币通过"挖矿"产生，即发行主体是满足一定工作量或权益份额，可自由加入或退出数字货币网络节点的"矿工"。机构数字货币的发行主体则是一些大型商业机构。可以看到，这两类数字货币在发行过程中，并无监管机构的参与，导致监管部门无法实时监控数字货币的发行情况。而对于发行数量无上限的数字货币，监管部门更难以阻止发行方为盈利而超发数字货币；① 流通机制上，去中心化清算系统买卖双方直接进行点对

---

① 柯达. 数字货币监管路径的反思与重构——从"货币的法律"到"作为法律的货币"[J]. 商业研究，2009（07）.

点交易，导致监管机构难以掌握真实的交易信息；此外，在数字货币相关规则制定上，去中心化数字货币通过社区来进行维护，机构数字货币一般由发行机构自行制定和维护，加大了通关难度。

同时，数字货币的交易和流通具有跨国性特征。不同国家对数字货币的监管政策不同，且一国对于数字货币违法行为的监管范围无法延伸到境外，不法分子利用管辖范围和监管权限的弱点在不同地区进行数字货币的交易和转移，为数字货币监管造成了困难。国际货币基金组织（IMF）的报告曾指出数字货币体系作为逃避资本管控的渠道，非法资金通过数字货币实现跨国流动，给反洗钱、反恐怖主义融资等带来了挑战。[①]

而且在传统金融体系下，为避免非法金融活动的发生，金融机构会执行严格的客户识别程序。因为去中心化数字货币和机构数字货币具有匿名性，监管机构无法详细追踪数字货币交易的来龙去脉，如此一来便为洗钱等非法金融活动提供了便利。同时，自数字货币诞生以来，被盗事件屡屡发生，投资者和交易所损失惨重，但由于数字货币的匿名性和交易的不可逆性，导致受害者难以通过合法途径追回自己的财产。

---

① 谢平，石午光．数字货币的风险、监管与政策建议[J]．新金融评论，2018（01）．

第二节　各国的数字货币监管模式

全球各国一直在密切关注数字货币的发展情况，并制定了适合本国国情和金融环境的数字货币监管框架。目前，全球数字货币监管模式大体上可以分为四类：禁止数字货币相关活动、将数字货币监管纳入现行监管框架、制定新的数字货币监管框架以及对数字货币相关产品服务实施"监管沙盒"等。从目前全球的数字货币总体监管情况来看，各国对数字货币活动的监管变得越来越包容。"监管沙盒"被越来越多的国家应用到数字货币监管中，除英国、新加坡和中国香港等典型地区外，俄罗斯、美国夏威夷州也开始探索数字货币"监管沙盒"。美国则开始考虑现行监管体系在数字货币监管上的不足和弊端，2020年2月6日，SEC委员Hester Peirce在芝加哥举办的国际区块链大会上提出《Token安全港提案》。

1. 禁止数字货币相关活动

为维护金融秩序的稳定，保护本国公众和机构的相关利益，一些国家对数字货币相关服务通常采取严令禁止的模式。这一监管模式的典型代表国家是中国。

中国对非法定数字货币的发行、流通等采取严格的监管措施。中国将比特币等数字货币认定为虚拟商品，认为其不具备与货币等同的法律地位，并将 ICO 和 STO 等定性为非法金融活动，严禁任何组织和个人从事此类活动，并禁止各金融机构和支付机构开展与比特币等数字货币相关的业务。

2. 将数字货币纳入现行监管框架

将数字货币纳入现行监管框架的国家通常对数字货币给予一定的发展空间，但又要求其必须适用于现有的监管框架。这些国家在不改变原有监管框架的前提下，对数字货币的监管进行不断调整和创新，努力保持其在全球市场上的领先地位。实施这一监管模式的典型国家是美国。

美国证券交易委员会（Securities and Exchange Commission，SEC）曾指出，在金融活动中使用区块链，不过是用分布式记账方式代替传统的中央记账方式，这种形式的变化并未改变交易的实质，因此数字货币仍然需要遵守证券活动的相关法律法规并接受监管。在美国，数字货币在发行和交易过程中一旦被认定为证券，其相关发行主体和交易主体就须遵守《1933 年证券法》的相关规定。

但由于现有监管框架对数字货币相关服务提供者似乎过于严苛，数字货币市场发展并未取得预期的效果，监管机构也在不断反思。2020 年 2 月 6 日，SEC 委员海斯特·皮尔斯（Hester Peirce）在芝加哥举办的国际区块链大会上发表题为 *Running On*

Empty:*A Proposal to Fill the Gap Between Regulation and Decentralization* 的主题演讲,并提出《Token 安全港提案》,该提案试图通过设置 ICO 安全港豁免,为利用区块链技术的 Token 的发行和流通提供了合规之路,虽未正式通过,但已经在业界引起了热烈讨论。

3. 制定适合数字货币发展的新的监管措施

作为一项创新型事物,数字货币的发行模式、流通机制和相关产品服务很难适应传统监管体系。一些国家为保持在数字货币市场的竞争力,推出了针对数字货币的新型监管措施,为数字货币的发展提供了法律保障,日本是这一模式的典型代表国家。

作为全球为数不多为数字货币提供法律保障的国家,2016 年,日本修订了《资金结算法》及其他一些相关法律,明确了数字货币及相关服务提供者的法律属性、监管部门和监管规则,不仅将数字货币纳入了日常监管,还从国家立法层面搭建了专属数字货币的监管框架。[①] 日本认为数字货币是一种合法的支付手段,将 ICO 视为合法化金融活动,并给予了适当的法律监管,对于数字货币交易所则实施牌照监管。2019 年 9 月,日本金融厅下属的数字货币交易所行业协会颁布了《新币发售相关规则》及配套的《关于新币发售相关规则的指导方针》,进一步加强了数字货币的监管规范。

---

① 贺同宝. 国际虚拟货币监管实践研究[J]. 北京金融评论,2018(03).

4. 对数字货币相关产品服务实施"监管沙盒"

相较于直接承认数字货币的法律地位,"监管沙盒"的模式则更为谨慎,但同时也给予了数字货币市场一定的发展空间。"监管沙盒"最早由英国提出,主要应用于金融科技领域。"监管沙盒"指金融监管部门为了促进地区金融创新和金融科技发展,让部分取得许可的金融机构或初创型企业,在特定范围和一定时间内测试新金融产品、模式和业务流程,这一过程中,测试项目的准入门槛会被降低,监管限制也会被放松。"监管沙盒"既可以防范金融风险,又可以实现金融创新,一些国家开始逐渐将其应用到数字货币监管领域,在保障数字货币发展的同时,积极探索未来的发展模式。使用这一监管模式的典型代表国家和地区为英国、新加坡和中国香港。

2015年3月,英国政府首次提出了"监管沙盒"的概念。2015年11月,金融行为监管局(FCA)正式发布"监管沙盒"指引文件,提出了具体的运行机制和实施要求。英国的数字货币交易所可申请加入"监管沙盒"。

随着英国"监管沙盒"的推出,一些国家和地区也在英国"监管沙盒"的基础上,结合本国或地区的国情,推出了相应的监管机制。新加坡金融管理局(MAS)于2016年发布了《金融科技监管沙盒指引》文件,数字货币相关服务者可申请进入"监管沙盒"进行试验性工作。2016年9月,香港金融管理局(HKMA)推出了金融科技"监管沙盒"。2018年11月,香港证券及期货事务监察委员会（SFC）发布监管方针，将数字货币纳入了"监管沙盒"体系。

第三节 全球主要国家监管内容和动态梳理

各国对非央行数字货币采取了不同的监管模式，但主要监管框架和内容存在一些相似之处，主要包括数字货币性质的界定、对数字货币发行方式的监管、对数字货币交易活动的监管以及数字货币税收政策的制定等方面。其中，在数字货币性质界定上，目前大多数国家均未承认非央行数字货币的法律地位；ICO和STO活动一般存在较大风险，成为各国监管的重点；而对数字货币交易活动的监管主要涉及交易所/交易平台的监管；在数字货币税收政策上，美国、日本、韩国、英国、俄罗斯、新加坡、瑞士和马耳他等国家均出台了关于数字货币的税收政策，其中，日本为税率最高的国家，最高税率为55%。

本部分将选取中国（由于中国内地与中国香港的数字货币监管政策差异较大，我们将分别进行介绍）、美国、日本、英国、新加坡、瑞士和马耳他等监管政策较为典型、监管框架较为完善的地区，进行详细介绍（见表1）。

第五章 数字货币的监管之路

表1 全球主要国家对非央行数字货币监管情况

国家/地区		性质界定	发行	交易	税收政策
中国	中国内地	比特币为虚拟商品	非法	禁止	无
	中国香港	虚拟商品/证券	合法，受监管	申请牌照	无
美国		非法定货币	合法，受监管	申请牌照	有
日本		合法的支付手段	合法，受监管	申请牌照	有
英国		非法定货币	合法，受监管	"沙盒监管"	有
新加坡		非法定货币	合法，受监管	申请牌照	有
韩国		非法定货币	合法，受监管	受监管	有
澳大利亚		合法，被视为财产	合法，需注册	受监管	有
瑞士		合法，可进行支付	合法，受监管	分类监管	有
加拿大		非法定货币	合法，受监管	受监管	有
印度		非法定货币	非法	禁止	无
马耳他		非法定货币	合法，受监管	申请牌照	有

资料来源：零壹智库。

1. 中国内地：严厉打击

（1）数字货币性质的界定

中国对比特币等去中心化数字货币有着明确的定义，认为其不具备与货币等同的法律地位，而是一种虚拟商品。2013年12月，中国人民银行等五部委联合发布《关于防范比特币风险的通知》，对比特币的性质进行了界定，将比特币认定为虚拟商品，认为比特币不是由货币当局发行的货币，不具有法偿性与强制性等货币属性，不是真正意义上的货币，不能且不应作为货币在市场上流通使用。

近年来，假借数字货币名义进行诈骗的活动屡禁不止。一些不法分子通过发行一些空气币、虚拟币，进行集资诈骗活动。此外，随着2019年法定数字货币研发进程的不断加快，以及国家对法定数字货币宣传力度的加大，个别机构开始冒用央行数字货币的名义进行诈骗。2019年11月13日，中国人民银行发布《关于冒用人民银行名义发行或推广法定数字货币情况的公告》（以下简称《公告》），提示公众警惕"虚假央行数字货币"风险。《公告》指出人民银行未发行数字货币，也未授权任何资产平台进行交易。法定数字货币目前仍处于研究测试阶段。个别机构冒用人民银行名义推出法定数字货币或进行相关交易的行为，可能涉及诈骗和传销。

2020年新年伊始，举国上下同心协力抗击新冠肺炎疫情，不法分子利用公众居家防疫，普遍借助网络或手机获取信息的特点，假借"区块链"概念发行冠状病毒加密货币Coronavirus Coin等虚拟货币，宣称筹集的资金将用于在境外建造口罩、防护服工厂，或用于研究生产冠状病毒疫苗，并许诺投资人高额回报，以此进行诈骗。

因此，虽然2019年中国相关政府部门多次在公开场合提及法定数字货币，也从国家战略层面赋予区块链极高的社会价值，但对于民间发行数字货币行为仍保持一贯的严格监管态度，对于假借数字货币、区块链等名义进行诈骗的活动，更是采取了严厉的打击措施。

（2）对非央行数字货币发行活动的监管

在中国，ICO被定性为非法金融活动。任何组织和个人不得从事 ICO 活动。2017 年 9 月 4 日，中国人民银行等七部委联合发布的《关于防范代币发行融资风险的公告》指出，ICO 本质上是一种未经批准非法公开融资的行为，涉嫌非法发售代币票券、非法发行证券以及非法集资、金融诈骗、传销等违法犯罪活动，有关部门将依法查处此类违法行为。

此外，由 ICO 衍生出的 STO、IFO[①]、IEO 和 IMO[②] 等在中国均被认定为非法金融活动。

北京市互联网金融行业协会于 2018 年 12 月发布《关于防范以 STO 名义实施违法犯罪活动的风险提示》，要求立即停止 STO 相关活动，涉嫌违法违规的机构和个人将会受到驱离、关闭网站平台及移动 App、吊销营业执照等严厉惩处。

2018 年 8 月，银保监会等发布《关于防范以"虚拟货币""区块链"名义进行非法集资的风险提示》，提醒广大群众警惕不法分子以 IFO、IEO 等花样翻新的名目发行代币，或打着共享经济旗号，以 IMO 方式进行虚拟货币炒作。

（3）对非央行数字货币交易的监管

中国严禁数字货币交易所在中国境内开展相关交易活动。通过在海外注册并设立服务器，以外资的身份在中国开展数字货币交易相关服务，仍属于非法行为，也将受到相关部门监管。

---

① IFO 全称 Initial Fork Offering，即"首次分叉发行"，指通过对一种数字货币的代码进行拷贝，然后添加符合新理念的代码，进而在原来数字货币的基础上重新"分叉"出一种新的数字货币，最后"空投"给原数字货币的持有者。

② IMO 全称 Initial Miner Offering，即"首次矿机发行"，指通过发行一种数字货币的专用矿机，通过该矿机"挖矿"产生新的数字货币来获取收益，IMO 被一些人认为是在发行层面规避监管的一种途径。

此外，各金融机构和非银支付机构也不得开展与非央行数字货币发行融资交易相关的业务。

2017年9月4日，中国人民银行等七部委联合发布《关于防范代币发行融资风险的公告》，要求数字货币交易所立即停止相关交易活动，不得从事法定货币与数字代币、"虚拟货币"相互之间的兑换业务，不得买卖或作为中央对手方买卖数字代币或"虚拟货币"，不得为数字代币或"虚拟货币"提供定价、信息中介等服务。

2018年，中国人民银行副行长潘功胜公开表示："政府应该封杀本土和国外（虚拟货币）网站，关闭为中国用户提供集中化虚拟货币交易的移动应用，并对提供虚拟货币付费服务的平台进行处罚，对于那些帮助人们向海外汇出资金的服务，地方政府也应调查。"

2019年，随着区块链技术的宣传推广，非法数字货币交易活动死灰复燃。北京、上海、深圳和杭州等地监管部门对数字货币交易所相关活动进行了摸底排查。以深圳为例，2019年11月21日，深圳重点排查三种数字货币交易活动：一是在境内提供数字货币交易服务或开设数字货币交易场所；二是为境外数字货币交易场所提供服务通道，包括引流、代理买卖等服务；三是以各种名义发售代币，向投资者筹集资金或比特币、以太币等数字货币。

（4）数字货币税收政策

为保证金融秩序的稳定，中国对非央行数字货币相关服务实施严格的监管措施，相关交易也被认定为非法金融活动，严禁相关交易活动。对于非央行数字货币也没有推出相应的税收政策。

2. 中国香港：法律地位明确，监管框架完善

（1）性质的界定

在中国香港，非央行数字货币通常被认为具有"虚拟商品"的特点，但有的数字货币可能属于《证券及期货条例》所界定的"证券"，被认定为"证券"的数字货币则必须接受香港证券及期货事务监察委员会（简称"证监会"）的监管。

（2）对数字货币发行活动的监管

中国香港对数字货币发行活动采取审慎监管的态度，香港证监会提醒广大投资者注意防范 ICO、STO 等数字货币发行活动的风险。

2017 年 9 月 5 日，香港证监会发布《有关首次代币发行的声明》，介绍了非央行数字货币发行可能涉及的三种性质：第一，通过 ICO 发售的数字货币如果代表一家公司的股权或所有者权益，有可能被视为"股份"；第二，数字货币的用途是订立或确认由发行人借取的债务，便有可能被视为"债权凭证"；假如发售代币所得的收益是由 ICO 项目运营方作集体管理并投资于不同项目，借此让代币持有人可参与分享有关项目所提供的回报，数字代币便有可能被视为"集体投资计划"的权益。无论是股份、债权凭证还是集体投资计划的权益，均被视为"证

券"，需获得香港证监会牌照或向香港证监会注册。

在STO方面，2019年3月，香港证监会发布《有关证券型代币发行的声明》，表示证券类代币仍属于"证券"，除非获得豁免发行的权利，否则发行时仍需获得香港证监会牌照或向香港证监会注册。

（3）对数字货币交易活动的监管

在中国香港，数字货币交易平台进行证券类数字货币交易必须接受香港证监会监管。数字货币交易平台可申请进入"监管沙盒"，获得相关牌照。

根据《有关首次代币发行的声明》，通过ICO发行的数字货币一旦被认定为"证券"，其交易和投资活动可能构成《证券及期货条例》中的"受规管活动"。从事"受规管活动"的机构或个人，不论是否位处香港地区，只要其业务活动以香港地区公众为对象，就须获得香港证监会牌照或向香港证监会注册。

2018年11月1日，香港证监会发布《有关针对虚拟资产投资组合的管理公司、基金分销商及交易平台营运者的监管框架的声明》，对数字货币交易平台监管，提出了一个概念性框架，表示将与有意并已证明其致力于达到严格标准的数字货币交易平台营运者合作，将其纳入证监会"监管沙盒"，同时考虑在适宜时机发出牌照。但如果证监会认为数字货币交易平台无法充分处理所涉及的风险，以及不能确保投资者相关利益，则不会发出牌照。

对于具体的牌照类型，2019年11月6日，香港证监会发布关于监管数字货币交易平台的立场书（以下简称立场书），立场书中提到，香港证监会为合格的数字资产交易平台颁发的牌照是第1类（证券交易）及第7类（提供自动化交易服务）受规管活动的牌照，并对具体申领条件进行了详细说明。此外，香港证监会在立场书中对数字货币交易平台的监管范围、发牌条件以及监管框架做了系统阐述，但并未强制要求所有数字货币交易平台全部申领牌照。

（4）数字货币税收政策

目前，中国香港的监管部门并没有推出关于数字货币税收的相关政策，进行数字货币相关交易活动无须缴纳税款。

3. 美国：联邦和州分级监管

（1）数字货币性质界定

美国对非央行数字货币的监管实行联邦和州分级监管，监管政策比较复杂。目前，证券交易委员会（Securities and Exchange Commission，SEC）、金融犯罪执法网络（Financial Crime Enforcement Network，FinCEN）、国税局（Internal Revenue Service，IRS）、商品期货交易委员会（Commodity Futures Trading Commission，CFTC）、金融消费者保护局（Consumer Financial Protection Bureau，CFPB）和州金融管理局（State Department of Financial Services，DFS）等共同负责非央行数字货币监管。

为进一步明确数字货币的监管部门，2019年12月，美国国会起草了《2020年数字货币法案》，目的是确定哪些联邦机构可以监管数字货币，并对数字货币的属性、分类进行了说明。但该法案尚未正式推出，目前美国对非央行数字货币的监管仍是沿用现有监管框架，对数字货币的属性界定主要分为四类：证券属性、商品属性、货币属性和财产属性。属性不同，监管部门也各不相同。

1）证券属性

在美国，数字货币一旦被认定为"证券"，需要接受SEC的监管，相关服务提供者则必须在SEC注册或获得豁免。

2）商品属性

自2015年开始，CFTC就将数字货币作为大宗商品进行监管。2017年10月，CFTC发布 *A CFTC Primer on Virtual Currencies*，阐明CFTC将数字货币视为大宗商品，与SEC将数字货币视为证券二者之间不存在矛盾，都是根据交易的实质而非形式进行判断。

3）货币属性

主要受FinCEN和DFS的监管。它们认为数字货币更接近于货币，主要打击数字货币交易中的洗钱、恐怖融资等非法金融行为。在美国所有涉及数字货币的机构，都要求在FinCEN上注册登记为货币服务机构（Money Service Business，MSB），且需要在内部设置相应的合规部门，以防止用数字货币洗钱和犯罪。此外，每个州亦有各自货币转移方面的规定，须获取相应州的货币转移许可（Money Transmitting License，MTL）。

4）财产属性

IRS 将数字货币认定为财产，而非货币，并于 2014 年发布了关于数字货币的指南，表示数字货币的售卖、交换和使用等行为，可能会涉及税务相关内容。2019 年 10 月，IRS 进一步明确了数字货币的财产属性，并就如何纳税等行为做出了详细的解释。

（2）对数字货币发行活动的监管

在美国，ICO 活动须接受 SEC 的监管。通过 ICO 发行的数字货币一旦被认定为"证券"，则发行过程必须遵循《1933 年证券法》的规定，在 SEC 进行登记。除非获得一系列的豁免条件，则无须在 SEC 登记，但必须接受 SEC 的监管。其中，"证券"的内涵十分丰富，不仅包括"投资合同"，还包括其他投资工具，如股票、债券和可转让股份。

其中，判断数字货币是否具有"投资合同"属性，一般需通过"豪威测试"（Howey Test）。数字货币的"豪威测试"包括三方面的内容：

第一，出资。无论是以法定货币、其他数字货币形式购买和获得数字货币，只要涉及价值交换就符合"豪威测试"对于"出资"的判定。

第二，共同项目。根据 SEC 的经验，对数字货币的投资即构成了对共同项目的投资，因为数字货币交易者的命运彼此相关或者与项目发起人的努力相关。

第三，期待获利且获利来自他人的努力经营。SEC 针对数字货币的"豪威测试"的第三方面列举了可供参考的一些评估因素，包括：数字货币项目是否依赖他人、是否存在合理的利润预期、网络发展程度、数字货币的功能与市场需求、数字货币市场价格和购买价格之间的关联性等。这一部分的评估和分析比较复杂，因此在做数字资产"投资合同"属性时需要投入更多精力。

（3）对数字货币交易活动的监管

2018年3月，SEC发布公开声明，要求交易符合证券定义的数字货币的平台必须在SEC注册为国家性证券交易所（National Securities Exchange）或寻求豁免。其中，国家性证券交易所指《1934年证券交易法》定义的证券交易平台，如纽约证券交易所、纳斯达克证券交易所，同时也包括部分衍生品交易平台，如芝加哥商品交易所。

在获得证券交易法豁免的情况后，交易平台无须注册为国家性交易所，可注册成为"另类交易系统"（Alternative Trading Systems，ATS），并遵守相关另类交易系统规则。

（4）数字货币税收政策

根据IRS的监管要求，通过相关交易获得或"挖矿"获得的数字货币，需在收到数字货币之日起以公允价值计算总收入，并以20%的税率征收相应税额。

4. 日本：将数字货币视为合法支付手段，并提供法律保障

（1）数字货币性质的界定

日本将数字货币视为合法的支付手段。2016年3月，日本

内阁通过投票,将比特币等数字货币均视为数字等价货币。2016年5月,日本内阁签署《资金结算法》修正案,将数字货币纳入法律规制体系之内,该法案已于2017年4月1日开始实施。

根据《资金结算法》修正案的定义,数字货币是指:首先,可以向不特定的人使用的财产价值,可用于支付购买、租赁商品或接受服务的价款,并可以通过电子数据处理系统进行传输;其次,财产价值可以与上一项中指定的财产价值进行交换(以不特定的人作为相对方),并且可以使用电子信息处理组织进行转移。

(2)对数字货币发行活动的监管

近年来,日本对数字货币发行活动的监管日益严格。除2017年施行的《资金结算法》之外,日本金融厅下属的数字货币交易所行业协会在2019年9月颁布了《新币发售相关规则》及配套的《关于新币发售相关规则的指导方针》,对数字货币的发行规则进行了详细的阐述。

日本金融厅和日本数字货币交易所行业协会负责监管数字货币发行活动。根据发行主体不同,日本数字货币发行活动分为ICO和IEO两类,其中,ICO指发行主体为持牌数字货币交易所;IEO指项目方通过持牌数字货币交易所发行数字货币。持牌数字货币交易所发行数字货币,需向日本金融厅和日本数字货币交易所行业协会提交相关材料,阐明数字货币的商业模式、销售方式、宣传方式以及数字货币安全性、价格合理性等相关内容,此外,还要定期向用户披露数字货币实际销售情况、发行总量、实际用途和其他重要变更事宜等信息。但由于发行机制要求严格,目前日本尚无成功的数字货币发行案例。

(3) 对数字货币交易活动的监管

在日本提供数字货币交易等相关服务需要申请相应的牌照。根据《资金结算法》规定,在日本设立的数字货币交易平台,需在金融厅申请登记,持有金融厅核发的交易牌照后才可以开展数字货币交易服务,该制度同样适用于设立在日本境外的交易平台,即只要对日本公民开放的数字货币交易平台均需获得金融厅颁发的牌照。

具体涉及的数字货币交易服务包括:首先,数字资产的买卖或与其他数字货币的兑换;其次,针对此类买卖和兑换行为的中介人、经纪人或代理人;最后,对用户的资金或数字货币的管理服务。

此外,根据《资金结算法》规定,数字货币交易平台需遵循 KYC 规则,并承担信息安全管理义务、信息披露义务、分离管理用户财产与交易所财产义务、提交业务报告义务与备案义务等。

(4) 数字货币税收政策

2018 年 11 月,日本国税厅(National Tax Agency,NTA)发布的《关于数字货币相关税务问题 FAQ》,对日本数字货币交易中的税务相关问题进行了详细解答,并公布了详细的计算细则和计算方法,将数字货币交易获得收入列入个人其他收入,并采用 15%~55% 的税率。

5. 英国：持开放态度，实施"监管沙盒"

（1）数字货币性质的界定

英国将比特币等数字货币视为私有货币（Private Currency），并成立了由财政部、英格兰银行和金融行为监管局（Financial Conduct Authority, FCA）等组成的数字货币工作组，对数字货币风险加强管控。

（2）对数字货币发行活动的监管

目前，英国对于 ICO 活动的监管态度并不明确，也未出台相关监管办法，只发布过 ICO 风险提示，提醒投资者注意 ICO 活动风险。

2017 年 9 月，金融行为监管局发布 ICO 风险提示，指出 ICO 存在不受监管、无投资保障、价格波动大、欺诈、信息披露不足和项目发展处于早期阶段等多项风险，参与 ICO 的企业应考虑其行为是否合法，投资者需注意其行为是否受法律保护。

根据 FCA 发布的 ICO 风险提示，判断 ICO 活动是否属于 FCA 的监管范围，需对具体项目进行评估判定，目前，许多 ICO 活动并不在 FCA 的监管范围。

（3）对数字货币交易活动的监管

英国政府对数字货币交易等相关服务持开放的态度，数字货币交易平台可申请进入"监管沙盒"。数字货币交易平台已作为第四批企业参与测试，整个测试流程包括申请、测试和推出三个阶段。

此外，如果数字货币交易平台只涉及数字货币间交易，则无须接受 FCA 的监管，交易一旦涉及法定货币或衍生品工具，则必须接受 FCA 的监管，并满足相关反洗钱法的规定。

（4）数字货币税收政策

在数字货币税收方面，英国税务及海关总署（Her Majesty's Revenue and Customs，HMRC）将数字货币视为一种资产。根据 HMRC 的《比特币及其他币种的征税指南》，进行数字货币交易的企业除缴纳企业所得税外，相关交易收入还需缴纳资本利得税。

HMRC 表示，需缴纳资本利得税的数字货币交易主要包括：首先，出售法定货币（如英镑）换取数字货币；其次，用数字货币交换另一种数字货币；最后，向配偶以外的人赠送数字货币。而将数字货币用于慈善捐赠用途则无须缴纳资本利得税。

6. 新加坡：不断迭代监管体系，框架完善

（1）数字货币的性质界定

新加坡对数字货币实施"监管沙盒"，监管环境较为宽松。但新加坡政府认为比特币等数字货币不是法定货币，企业在使用比特币等数字货币进行支付前必须接受必要的调查，对于数字货币的性质界定，新加坡金融管理局（Monetary Authority of Singapore，MAS）也有明确的分类。

2017 年 11 月，MAS 发布《数字通证发行指南》（*A Guide to*

Digital Token Offerings），将数字货币划分为证券类和实用类。2018年11月，MAS根据市场发展情况，推出了更新版《数字通证发行指南》，扩大了原有的定义范围，新增支付类数字货币。

对于证券类数字货币，MAS并没有明确的概念，但提出了相应的判断标准。根据《数字通证发行指南》的相关规定，如果数字货币属于《证券及期货法》中定义的"资本市场产品"，此类数字货币的发售或发行可能会受到MAS的监管。"资本市场产品"指任何证券、期货合同、用于外汇交易的合同或协议、用于杠杆式外汇交易的合同或协议，以及其他MAS认为可能属于资本市场产品的其他产品。MAS根据数字货币的结构与特征以及数字货币附加的权力，确定数字货币是否属于"资本市场产品"中的一种类型。

对于支付类数字货币的确定，根据更新版《数字通证发行指南》的相关案例解释说明，如果数字货币已经成为或计划成为交换媒介，用以购买货物、服务或偿还债务，则该数字货币应受到《支付服务法案》的约束，属于支付类数字货币。2019年1月，新加坡国会正式通过《支付服务法案》，将支付类数字货币定义为任何关于价值的数字表达。

根据MAS的规定，如果数字货币不属于证券类或支付类，则为实用类数字货币。

（2）对数字货币发行活动的监管

对于不同属性的数字货币发行，MAS采取分类监管的模式。发行证券类数字货币，发行人必须符合《证券及期货法》的规定,除非其符合豁免的情况,否则必须根据相关要求编制招股说明书,并在 MAS 进行登记。为减轻负担,初创企业可通过 STO 豁免发行。

MAS 将支付类数字货币的发行纳入了《支付服务法案》的监管范围。发行方必须依据《支付服务法案》要求申请牌照。

实用类数字货币虽不受 MAS 监管,但发行时仍需满足关于反洗钱、反恐怖主义融资的规定。

(3) 对数字货币交易活动的监管

根据 MAS 规定,数字货币交易平台进行证券类数字货币交易,需要获得 MAS 颁发的交易所或交易市场运营商牌照,除非得到豁免。

数字货币交易平台进行支付类数字货币交易,必须遵循《支付服务法案》监管要求,取得支付牌照。根据《支付服务法案》,支付牌照分为三类:货币兑换牌照、标准支付机构牌照以及大型支付机构牌照。

(4) 数字货币税收政策

根据新加坡税务局(Inland Revenue Authority of Singapore,IRAS)发布的《加密货币指南》(*Virtual Currency Guidance*),在新加坡注册登记的企业使用比特币等数字货币买卖商品、服务时,需要缴纳税率为 7% 的商品增值税。企业通过数字货币交易获得的利润还需额外缴纳所得税,税率为 17%。但以上情况仅针对短期使用数字货币进行交易的企业,如果长期投资数字货币,所得收益将被视作资产,由于新加坡目前尚未开征资产税,因此企业无须纳税。

对于个人，购买和出售数字货币应被视为个人投资，购买或出售产生的任何利润（损失）都属于资本性质，无须纳税。但是，如果数字货币是作为报酬或收入得到的，那么将被征收22%的个人所得税。

7. 瑞士：分类监管，立法完善

（1）数字货币性质的界定

在瑞士，数字货币的监管主体为金融市场监督管理局（Financial Markets Supervisory Authority，FINMA）。FINMA 在《ICO指引》和《分布式账本技术及区块链的法律框架》中，根据数字货币的功能不同，将数字货币划分为支付型数字货币、资产型数字货币、实用型数字货币和混合型数字货币，并对各种类型的数字货币进行了详细介绍。

支付型数字货币主要用于支付，是指为获得商品或服务，被用作金钱或价值转移的支付手段，这类数字货币不属于证券。

资产型数字货币是一种资产凭证，属于证券。资产型数字货币在经济功能上类似于股票、债券等，数字货币的持有人可以向发行人索要股权或债务。资产型数字货币需受到《证券交易所与证券交易法》《金融市场基础设施和证券衍生品交易市场行为法》以及《金融服务法》等法律的监管。

实用型数字货币则是通过数字化的形式，用于以区块链技术为基础架构开发的应用或服务。根据使用目的不同，实用型数字货币通常也被认定为具有支付型数字货币和资产型数字货币的特征。由于在某些场景下，实用型数字货币可能被用作区块链系统中的支付手段，具有支付型数字货币的特征，此时就需符合支付型数字货币的监管要求。此外，如果实用型数字货币的发行目的是通过融资进行相关平台的开发，且该平台上线前无法提供相应的服务，则该类型的数字货币属于资产型数字货币。

混合型数字货币是指同时具备以上两种或两种以上数字货币特征的数字货币。

（2）数字货币发行活动的监管

根据发行的数字货币类型不同，瑞士对ICO项目采取不同的监管方式。其中，发行支付类数字货币需满足《反洗钱法》的约束。发行资产型数字货币必须遵循《证券交易所与证券交易法》、《金融市场基础设施和证券衍生品交易市场行为法》以及《金融服务法》等法律的监管要求。

（3）对数字货币交易活动的监管

瑞士对不同类型的数字货币交易平台同样采取不同的监管模式。根据FINMA定义，"证券"类数字货币交易平台属于金融市场基础设施，开展相关交易需得到FINMA授权。非"证券"类数字货币交易平台，则无须获得FINMA授权，但仍需满足反洗钱要求，进行合规化运营。

（4）数字货币税收政策

目前，瑞士对数字货币相关服务征收财产税和所得税。其中，大部分地区的数字货币需缴纳财产税，但不同地区缴纳情况存在一定差异，具体税率为2‰~3‰。对于所得税，持有和交易数字货币无须缴纳所得税，但"挖矿"所得和作为工资奖金支付所得的数字货币则必须缴纳所得税。

8. 马耳他：政策宽松，积极拥抱

（1）数字货币性质的界定

被誉为"区块链岛国"的马耳他在数字货币领域形成了完善的监管框架，是世界上首个将数字货币、区块链和分布式账本技术（DLT）监管上升到国家法律层面的国家。2018年7月，马耳他通过了《马耳他数字创新管理局法案》（*Malta Digital Innovation Authority Bill*，MDIA法案）、《创新技术处理和服务法案》（*Innovative Technology Arrangement and Services Act*，ITAS法案）和《虚拟金融资产法案》（*Virtual Financial Assets Bill*，VFA法案）。

马耳他将与分布式账本相关的资产统称为"DLT资产"，并根据资产属性的不同，将其分为四类：电子货币、金融工具、虚拟令牌和虚拟金融资产。

（2）数字货币发行活动的监管

马耳他将ICO视为合法化行为，但需满足VFA法案的一系列监管要求。根据VFA法案，首先，数字货币的发行主体必须发布符合要求的白皮书，并在马耳他金融服务局（Malta Financial Services Authority，MFSA）备案。其中，白皮书需要发行主体的全体董事签字，同时需要中介机构对内容进行背书，中介机构包括发行代理人、资产托管方、审计机构等。同时，发行主体还需向MFSA申请金融工具测试，判断发行的数字货币是否符合VFA法案范畴。

（3）对数字货币交易活动的监管

根据监管要求，数字货币交易平台需要从MFSA获取经营牌照，获取牌照后，交易平台还需要定期向MFSA提交审计报告。而且MFSA有权根据交易平台经营情况随时收回牌照。

由于数字货币监管环境宽松，各大交易平台陆续登陆马耳他。币安和OKEx这两大数字货币交易平台均将运营中心迁到了马耳他。

（4）数字货币税收政策

马耳他被称为"避税天堂"，对数字货币也实行优惠的税收政策，岛上的国际公司仅需缴纳5%的税费。

BLUE BOOK OF
DIGITAL CURRENCY

第六章

开放金融 DeFi

第六章 开放金融 DeFi

第一节 DeFi 相关基本概念

DeFi[①],全称 Decentralized Finance,中文译为"去中心化金融"或"开放金融"。目前市场热议的 DeFi 主要指基于以太坊等底层公链,并通过智能合约构建的去中心化金融协议(产品/服务)。

CeFi(中心化金融)是与 DeFi 相对的概念,通常指提供托管服务的中心化金融体系,利用中心化组织控制平台的运营及产品以达到服务效果。CeFi 并不特指传统中心化金融体系,而主要适用于中心化交易所提供的金融相关服务。[②]

DeFi 近两年备受关注,被称为区块链行业最具有发展前景的领域之一。尤其在 2019 年,DeFi 一度是关于数字货币生态的最热话题之一,并成为以太坊网络中最活跃的应用类型。

在现有的金融系统中,金融服务主要由商业银行等中心化机构系统控制调节,一定程度上缺乏公开透明性,审查流程较为

---

① 2018 年 8 月,Dharma Labs 联合创始人和首席运营官布兰登·福斯特(Brendan Forster)的一篇 *Announcing De. Fi,A Community for Decentralized Finance Platforms* 宣告 DeFi 概念诞生。
② TokenInsight. 2019 年度 DeFi 行业研究报告[R]. TokenInsight 网站,2020.1.

烦琐，对用户整体要求较高，且存在诸如坏账、违约等潜在风险。DeFi 试图利用区块链技术，解决传统中心化金融系统中存在的诸多问题，建立一套无须准入、更透明、更友好的金融体系。

相较传统中心化金融系统，DeFi 至少具有以下特点：

（1）秉持去中心化无须准入的网络、密码学技术验证、自主身份数据等原则，以非托管解决方案为主，没有明显的中心化机构控制金融活动，改善对个人信息的控制，增强隐私性；

（2）所有协议开源，理论上任何人都可以基于各类合约协议，像乐高玩具一样将多种协议或应用组合到单个界面，创建新的金融产品/服务，具有可组合性；

（3）源于互联网，天然具备数字化和全球化特征，能打破地理限制，极大降低交易成本，使全球用户能以点对点的形式参与 DeFi 业务，有望为全世界任何人提供方便的金融服务，具有一定普惠性；

（4）建立在可全球化审计的数字分布式账本上，利用分布式计算网络提供的信任和合约执行功能提供担保，有助于实现自动化风险管理和理论上精准的监管监督。①

DeFi 在 2018 年兴起，2019 年迎来爆发。DeFi 已经形成了较为完善的生态体系，涉及支付、借贷、稳定币、去中心化交易所、衍生品、保险等。

---

① Mario Laul. 金融监管史对 DeFi 的借鉴[EB/OL]. 链闻网，2020 - 01 - 03.

第二节　DeFi 发展现状

1. DeFi 整体概况

DeFi 近两年发展迅速，且相关应用主要集中在以太坊和 EOS 两条公链上。从 DApp Total 统计的锁仓价值分布趋势来看，DeFi 锁仓价值在 2019 年之前稳步提升，从 2019 年上半年开始迎来爆发式增长（见图 1）。

DApp Total 数据显示，截至 2020 年 2 月 29 日，全球加密数字货币市场总市值约为 2472.75 亿美元，DeFi 锁仓价值约为 13 亿美元，占加密数字货币市场总市值的 0.53%。其中，ETH 锁仓超过 371 万枚，占 ETH 发行总量的 3.37%；EOS 锁仓超过 6687 万枚，占 EOS 发行总量的 6.57%。

市场锁仓价值前四的 DeFi 应用分别是 Maker DAO、EOS REX、Edgeware 和 Compound。四者锁仓价值合计超过 8.59 亿美元，超过 DeFi 总锁仓价值的 66%（截至 2020 年 2 月 29 日）。其中，Maker DAO 是当前以太坊上最大的 DeFi 项目，EOS REX 则是 EOS 链上最大的 DeFi 项目（见图 2）。

按 DeFi 应用的功能分类，去中心化借贷占据绝对主流地

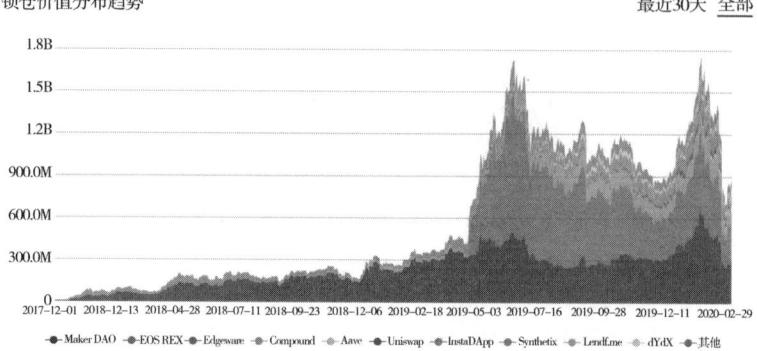

图 1　DeFi 锁仓价值分布趋势及走势

资料来源：DApp Total、零壹智库。

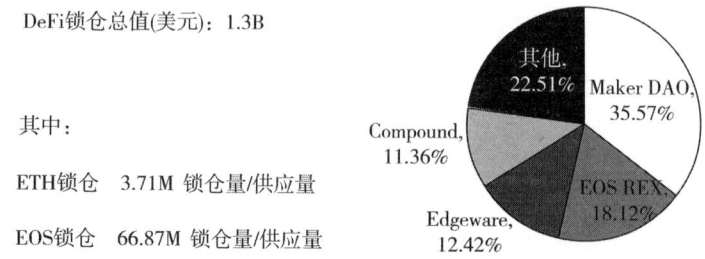

图 2　DeFi 锁仓价值及分布情况

资料来源：DApp Total、零壹智库。

位。锁仓价值排名前十的 DeFi 应用中有 6 个涉及去中心化借贷业务，剩余 4 个分布在锁仓空投、DEX（去中心化交易所）和衍生品市场（见表1）。

表1 锁仓价值排名前十的 DeFi 应用

名称	主链	分类	7天用户	锁仓价值
Maker DAO	ETH	借贷	3.06K	$297.47M
EOS REX	EOS	借贷	2	$186.87M
Edgeware	ETH	锁仓空投	1	$98.22M
Compound	ETH	借贷	968	$76.92M
Aave	ETH	借贷	382	$29.59M
Uniswap	ETH	DEX	2.85K	$28.16M
InstaDApp	ETH	借贷	40	$28.05M
Synthetix	ETH	衍生品市场	1.11K	$27.08M
Lendf.me	ETH	借贷	172	$21.85M
dYdX	ETH	衍生品市场	827	$19.84M

注：截至2020年3月26日。
资料来源：DApp Total、零壹智库。

2. DeFi 的主要场景概述

（1）去中心化借贷

去中心化借贷是指通过智能合约协议匹配借方与贷方，通过质押（一般是超额质押①）等方式获取可借款额度，质押确认后即时划转资金，完成借贷行为。

DeFi 借贷协议的设计初衷多是促进数字资金流动性，通过部署在底层公链上的智能合约实现实时自动交易，也支持不同协议和用户间的互通。目前 DeFi 市场上比较典型的基于以太坊

---

① 超额质押，即借款人必须将价值高于借款金额的资产作为抵押品，保证即便在借款人无法偿还债务的情况下，贷款人可以通过拍卖抵押品等方式降低违约风险。

运行的去中心化借贷平台包括 Maker DAO、Dharma、Compound、dYdX 等。这些去中心化借贷平台的借贷模式可分为以下三类：

1）Maker DAO 模式：没有贷方只有借方

Maker DAO 是以太坊上的智能合约系统，提供了第一个去中心化稳定币 DAI 及其衍生品。DAI 需要由链上资产足额抵押担保发行，和美元保持 1∶1 锚定，即 1DAI = 1 美元。个人和企业可以通过兑换 DAI 或者抵押借 DAI 获得避险资产或流动资金。

用户在 Maker DAO 平台上唯一可以借到的资产类型就是 DAI。借款人通过抵押 ETH 来向系统申请贷款，系统通过智能合约撮合生成并借出 DAI。自 DAI 被生成借出后就开始计息，在整个借贷周期内，借款人必须保证 ETH 的质押率不低于 150%，否则系统将自动强制卖出质押在平台中的 ETH 平仓。另外，在用户借贷过程中，Maker DAO 平台会根据市场需求自动调整 DAI 的供给，因而整个过程中不存在贷方，只有借方。

除 DAI 之外，Maker 体系中还存在权益代币 MKR。MKR 类似 Maker 项目的"股份"，持有 MKR 的用户将组成 Maker 的去中心化管理社区，拥有社区投票权，可以决定质押资产构成、质押比例、清算比例等事项。MKR 的收益主要来自用户在赎回抵押物时向系统支付的费用以及 MKR 价格上涨。

2）Dharma 模式：借贷双方撮合协议

Dharma 的借贷模式与传统金融市场的 P2P 借贷模式类似，由平台上布置的智能合约充当担保方，评估借方的资产价格及风险。出借人可以根据平台提供的评估结果决定是否出借资产，同时当借款人无法偿还债务时，智能合约自动执行清算程序。整个过程中，借贷双方需求由平台撮合，借贷利率也根据供需关系由算法自动得出。

与 Dharma 类似，dYdX 协议也由平台撮合借贷双方需求。dYdX 协议最初是朝着去中心化交易所发展，结果却是借贷业务表现亮眼。不同的是，除了借贷业务外，dYdX 协议也能提供诸如数字资产的衍生品交易等服务。

3）Compound 模式：流动资金池交易

Compound 希望让资产在时间上的价值可交换，当用户需要用到一种资产的时候，不需要花费 100% 的成本持有，只需承担一点利息即可获得一定时间内的使用权，使用完之后再归还。

为实现这一目标，Compound 采用流动资金池模式，无须单独撮合借贷双方需求。具体来讲，Compound 平台上每种可借贷的代币都会形成独立资金池。当发生一笔抵押时，该抵押资产对应的资金池增加；当发生一笔借款时，借出资产的资金池会减少。比如抵押 ETH 借出 USDC 时，ETH 资金池会增加，而 USDC 资金池会减少。由于资金池的存在，交易双方不需要再单独撮合，从而提高了交易效率。每笔贷款的借款利率由资金池流动性的大小决定，即随贷方提供的货币供给量和借方需要的货币需求量之间的比率波动，以此调节供需关系。

与其他诸多去中心化借贷平台类似，Compound 也需要通过超额抵押获得贷款额度。但是，在资金池抵押就能获得利息，而这与获得的贷款额度是否被使用无关。这种机制能鼓励不需要贷款的用户将空闲的代币抵押到资金池，以扩大市场供给。同时，Compound 不设置固定的贷款期限，贷款人可以把资金存入资金池持续赚取利息，并随时提取资产[1]。

（2）稳定币

稳定币是旨在解决传统加密数字货币价格波动剧烈问题的数字货币，主要特征就是价值保持相对稳定。目前市场上大部分稳定币都是抵押型稳定币，通过与一种或多种加密资产、强势法币甚至黄金等实物资产进行抵押锚定以保持自身价值稳定。仅有少数稳定币背后没有其他资产支撑，而依靠算法自动调节货币供需关系以维持稳定，但这种类型的稳定币暂时未出现特别成功的案例。

稳定币是 DeFi 市场发展繁荣的基础设施之一，稳定币的发展对于 DeFi 乃至整个数字货币市场至关重要。一方面，稳定币一定程度上可以充当避险资产，为其他高波动资产提供价值标尺；另一方面，稳定币也是当前传统金融市场与数字货币市场的连接载体。

DApp Total 数据显示，截至 2020 年 3 月 26 日，稳定币市场价值总额为 75.8 亿美元，其中 USDT 为 60.2 亿美元，市场份额占比高达 79.48%，一家独大。

除 USDT 外，近些年市场上出现了诸如 USDC、TUSD、

---

[1] 星球日报研究院. 为什么我们说去中心化借贷是 DeFi 最具想象力的部分 [R]. odaily 网站, 2019-06-03.

第六章 开放金融 DeFi

HUSD、DAI 等新兴稳定币。截至 2020 年 3 月 26 日，新兴稳定币市场发行总额 15.6 亿美元。其中，USDC 价值 6.89 亿美元，占新兴稳定币市场的 44.19%；PAX、BUSD、HUSD 和 TUSD 位居第二至第五。在 DeFi 生态中占据关键地位的去中心化稳定币 DAI 发行总量 7589 万美元，占新兴稳定币市场份额的 5.00%（见图 3）。

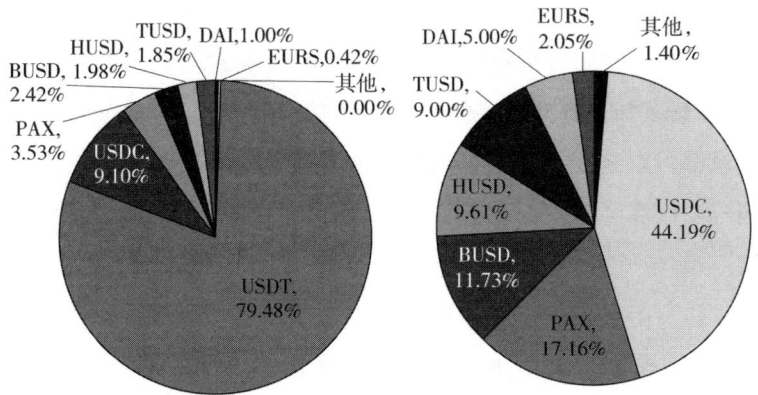

图 3　稳定币市场（左）及新兴稳定币市场（右）份额

资料来源：DApp Total、零壹智库。

（3）去中心化交易所

作为数字货币市场的重要基础设施，交易所是为所有交易者（包括个人与机构）提供购买、出售数字货币以及数字货币与法币兑换渠道的实体平台，能够连接数字货币一级市场与二级市场。

数字货币交易所的中心化，无论是人为管理还是运营架构都存在诸多缺陷。由于用户的数字资产和交易数据都会储存在交易所中，一旦交易所被黑客攻击或交易所监守自盗，将对用户资产安全产生极大威胁。除此之外，中心化交易所还存在交易所数据造假、联合坐庄等问题。

去中心化交易所是解决当前交易所行业痛点的最佳选择。去中心化交易所是允许进行数字资产点对点交易的自由市场。与中心化交易所不同，去中心化交易所无须经过复杂的 KYC 注册流程，也不用第三方资产托管。

去中心化交易所将用户资产托管给智能合约，只有拥有智能合约私钥的人才能接触资金；同时，每一笔交易数据及交易记录都可以链上查询、可追溯。此外，用户的交易、充值、提现等操作都可以在链上进行，不受第三方控制，最大限度保证用户对自己资产的绝对控制。

但与中心化交易所相比，去中心化交易所的活跃用户、交易量和交易额规模整体偏小。根据表 2 可以看出，在排名前十的去中心化交易所中，以 2020 年 3 月 26 日节点数据为例，仅 Uniswap 的 24 小时活跃用户数量过千，排名第十的 Token Trove 的 24 小时活跃用户数量仅为 13。24 小时交易数和 24 小时交易额整体规模也较小。

表2 排名前十的去中心化交易所

名称	主链	24H 活跃用户	24H 交易数	24H 交易额
Uniswap	ETH	1.25K	5.63K	20.96K
Kyber	ETH	762	2.07K	10.14K
IDEX	ETH	595	2.5K	1.89K
Tokenlon	ETH	251	624	4.84K

续表

名称	主链	24H 活跃用户	24H 交易数	24H 交易额
ForkDelta	ETH	141	154	126.47
Bancor	ETH	103	180	0
Switcheo	ETH	46	114	90.17
The Token Store	ETH	33	74	35.27
DDEX	ETH	28	147	2.76K
Token Trove	ETH	13	55	1.03

注：数据选取节点为 2020 年 3 月 26 日。
资料来源：DApp Total、零壹智库。

可以看到，虽然去中心化数字货币交易所在交易透明性和安全性方面具有中心化交易所无法匹敌的优势，但目前仍处于早期发展阶段，仍面临诸如市场整体流通性和活跃度偏低等问题。

具体来说，去中心化交易所目前面临的挑战包括但不限于以下方面：

①交易深度不够，活跃用户较少。大多数用户更愿意选择中心化交易所，超过 90% 的交易仍发生在中心化交易所。

②用户交易体验较差，在易用性方面不如中心化交易所，用户教育任务任重而道远。

③区块链底层技术不成熟，尤其是跨链技术存在诸多限制。缺乏跨链技术，去中心化交易所的交易量始终会很少，无法吸引大量用户参与。

虽然存在种种问题，但去中心化交易所在 2019 年还是取得了较大进展。据 DApp Total 统计数据显示，仅 2019 年上半年，去中心化交易所月交易额保持稳步增长，从 2019 年 1 月份的 7100 万美元上升至 6 月份的 2.88 亿美元；市场交易次数从 1 月份的 21.2 万次上升至 6 月份的 41.1 万次；月活跃用户数从 1 月份的 1.9 万人上升至 6 月份的 3.2 万人。①

第三节　当前 DeFi 面临的挑战

利用先进技术提升金融市场运作效率在历史上并不罕见。从铁路到电报，再到电话、计算机、互联网以及高频交易机器人，金融行业一直处于新技术应用的最前沿。现在，DeFi 在去中心化网络和智能合约的应用研发方面也处于相对领先地位。②

作为加密数字货币市场的"金融体系"，DeFi 相关概念近两年备受追捧。然而，从实际情况看，当前落地应用和活跃用户群体十分有限，DeFi 发展仍面临诸多挑战：

1. 注重技术创新，使用体验不佳，用户教育成本较高。不同于在中心化交易所购买交易的简单操作，参与 DeFi 体系对用户要求较多：用户拥有可用于抵押的加密数字资产；清楚创建

---

① DApp Total 研究院. 2019 年上半年 DeFi 行业研究报告 [R]. DApp Total 网站, 2020.2.

② Mario Laul. 金融监管史对 DeFi 的借鉴 [EB/OL]. 链闻网, 2020 - 01 - 03.

钱包、管理私钥、进行数字签名等操作流程；理解涉及的智能合约、抵押借贷等概念，对初学者而言存在一定门槛。当前已上线的 DeFi 项目多由程序员驱动，注重技术创新突破，在产品设计和使用门槛方面提升有限，从整体而言，用户体验不及中心化交易机构提供的同类服务。

2. 底层公链性能瓶颈对 DeFi 业务的限制。绝大多数的 DeFi 项目都基于以太坊、EOS 等少数公链进行开发。作为 DeFi 系统的基础设施之一，底层公链目前性能有限，难以支持金融级别的高 TPS 交易，加上以太坊等底层网络自身经常出现拥堵现象，无疑会限制对交易速率存在较高要求的 DeFi 项目的部署与发展。

3. 优质资产匮乏，用户群体覆盖受限。由于跨链技术尚不成熟，目前仍无法实现不同主流区块链网络中优质资产的互相流通，导致 DeFi 场景中可使用的优质资产类型较少，能覆盖到的用户群体也相对有限，一定程度上限制了 DeFi 项目的创新。优质资产匮乏是当前 DeFi 面临的最大难题。以去中心化交易所为例，许多建立在以太坊上的去中心化交易所由于无法实现与 BTC 等资产的锚定，故而用户只能交易购买基于以太坊发行的数字资产。为了缓解这一问题，当前主流做法是锁仓映射，即将不同链条上的优质资产通过链上锁定，进而映射到其他链上，如 imToken 是通过 1∶1 锚定 BTC 发行的以太坊代币。

4. 作为具有很强金融属性的业务体系，合规对于 DeFi 的长期发展至关重要。但现实是，整个 DeFi 体系如今都处于监管

"灰色"地带，多数业务局限在链上进行，与链下数据及资产的互通不足。以资产端为例，传统金融体系中存在诸多优质金融资产，如果实现链下优质资产上链，将会缓解 DeFi 业务缺乏优质资产的困境。而盘活传统金融资源的核心在于寻求合规，要求 DeFi 项目方加强与监管及用户的交互。

第四节　DeFi 与传统金融市场的关联

1. DeFi 与 FinTech 的关系

传统金融市场近年来始终强调金融科技发展。2019 年 8 月 22 日，中国人民银行出台《金融科技（FinTech）发展规划（2019—2021 年）》，这是央行首次出台关于金融科技的顶层设计文件，对产业发展影响深远。

从技术形态上来看，DeFi 可被视为 FinTech 的一种。两者都希望通过科技力量改变金融业态。但不同的是，FinTech 的快速发展一定程度上得益于金融机构自身拥有海量数据，并以此为基础，辅以大数据、人工智能等信息技术对数据进行分析处理，以实现精准的风险预测和客户服务等目标。所以，无论是大数据、人工智能，还是云计算，都要求数据的海量聚集。而 DeFi

则更强调数据分散化。数据不由中心化机构垄断，每个用户个体都应有权使用和处置自己的数据。

DeFi 和 FinTech 就像一件事的两个极端处理方式。FinTech 的问题在于数据集中化，个人隐私得不到充分保障；而 DeFi 的问题恰好是缺少一种由海量数据形成的身份识别系统，从而导致诸多信贷业务存在巨大潜在风险。两者需要在中间地带寻求一种平衡，相互借鉴：DeFi 需要合理利用链上数据，尝试对用户进行合理的身份识别；FinTech 则需要保护个人隐私和海量数据集中存储的安全性。①

2. DeFi 与传统金融业态的互补性

DeFi 和传统金融业务都存在覆盖范围不足的弊端。传统金融发展许久，已渗透到社会生活的方方面面，但仍存在相当大的社会群体无法享受金融服务。DeFi 实行无差别但有条件的准入，理论上指任何人都可参与 DeFi 业务，但实际中除用户教育的门槛外，DeFi 对用户持有资产也存在要求：只有拥有一定数量的数字资产（如 ETH、DAI 等），用户才能真正意义上进入并使用 DeFi。② DeFi 作为新兴的服务形态，虽然现阶段服务的用户群体相对较小，现实中基于数字资产的 DeFi 用户与基于信用的传统信用金融用户也可能存在较高重叠率，但即便如此，

---

① 蒋照生. 专访潘超：万字长文看懂 Maker DAO 持续加息的幕后故事[EB/OL]. 零壹财经网，2019-05-05.
② 宋双杰，王新刚. DeFi：未来"代码世界"的主宰——DeFi 前景展望[R]. 通证通研究院，2019-05-22.

DeFi无差别但有条件的准入还是有可能进一步扩大金融的覆盖范围，触达更广泛的用户群体。所以，传统金融和DeFi在业务形态和用户触达方面存在一定互补性。

另外，作为一种技术驱动的新型金融业态，DeFi当前技术创新有余而业务创新不足。现有的DeFi业务形态，无论是去中心化借贷、衍生品交易，还是保险等，都基本上能在传统金融市场上找到类似的参照业务，所以认为DeFi是传统金融业务在数字世界的映射，也不无道理。

因此，现阶段DeFi不应该定位成金融体系的替代者，而应该逐步充当现有金融体系的补充者，积极拥抱监管，接入更多传统金融市场的优质资产，加强DeFi业务和技术创新。这是最可行也是最现实的发展方案。而对传统金融体系而言，以开放胸怀接纳DeFi创新，从更广泛的概念（如开放金融）去理解DeFi，利用DeFi无须准入的优势助力金融业拓展服务内容和服务覆盖范围，利用较低的信任成本也会使普惠金融更加现实可行。

第七章
Libra 的前世今生

第七章 Libra 的前世今生

2019 年 6 月 Libra 白皮书的发布，被视为数字货币领域自 2009 年比特币诞生以来的又一重大事件。Libra 的出现在全球范围内引发了对数字货币前所未有的关注，高调地让"数字货币"正式成为 21 世纪人类社会的常规议题。这一由社交媒体巨头带头发起的机构数字货币，具有成为全球范围内流通的超主权货币的潜力，这不仅给各国央行和监管机构敲响了一记警钟，也让人们看到了由非主权货币推进普惠金融的可能尝试。

进入 2020 年后，Libra 的发行仍存在诸多未知数，但任何一项关于数字货币的讨论都将绕不开它。2020 年 4 月 16 日，Libra 白皮书 2.0 版本的发布，意味着 Libra 的发展将进入一个新的阶段。

本章将对 Libra 项目的关键要素即诞生背景、体系构成、价值优势、对全球货币金融体系的影响等方面进行梳理，力求对 Libra 有一个全景式的把控。

第一节　Libra 的基本情况

1. Libra 的诞生背景

Libra 亦称天秤币，是由全球社交媒体巨头 Facebook（脸书）主导的基于区块链技术发行的、锚定真实资产储备并由专门协会机构进行管理的数字货币。2019 年 6 月 18 日，Facebook 正式发布 Libra 白皮书，并上线其官方网站，表示"将建立一套简单的、无国界的、为数十亿人服务的金融基础设施"，按其最初的计划，Libra 将于 2020 年第一季度正式发行。

"我们的世界真正需要一套可靠的数字货币和金融基础设施，两者结合起来必须能兑现'货币互联网'的承诺。"按照白皮书的介绍，以 Facebook 为首的多家商业机构，希望借助 Libra 建立起新的全球支付体系，使全球范围内 17 亿没有银行账户的人能借助智能手机享受 Libra 货币服务。在 2.0 版本的白皮书中也提到，Libra 与其更广泛的公私合作伙伴们的共同目标是提高全球支付效率以及扩大金融包容性。

不过，在 Libra 白皮书发布之后即遭到来自各国监管机构的质疑甚至反对，原计划于 2020 年推出 Libra 的计划目前也在各种不确定性中延期。

2020年4月16日，Libra发布了更新后的白皮书2.0版本。与最初版本相比较，为了解决监管相关的问题，新版本对Libra项目做了四个方面的调整：

（1）新增锚定单一法币的稳定币，原先设计的多币种稳定币将变为由这些单币种稳定币支撑的新代币LBR；

（2）以稳健的合规框架提高Libra支付系统的安全性；

（3）在保持Libra主要经济属性的同时，放弃将来向无许可公有链系统的过渡；

（4）在Libra储备资产设计中加入更强的保护措施。

2. Libra的三大核心构成

从白皮书内容来看，Libra体系的三个主要构成部分也是其体系三个主要的特点，分别为：①管理模式上由独立的非营利性成员制组织Libra协会治理；②核心技术建立在安全、可扩展和可靠的区块链基础上；③资产储备是由现金、现金等价物和非常短期的政府证券组成的储备金支持。

（1）管理模式：由独立的Libra协会管理

Libra协会由总部位于瑞士日内瓦独立的非营利性成员制组织进行管理，该协会主要职能体现在两个方面，其一是协调和提供网络与资产储备的管理框架，其二是牵头进行能够产生社会影响力的资助，为普惠金融提供支持。

Libra协会的成员将包括分布在不同地理区域的各种企业、

非营利组织、多边组织和学术机构。在成立之初，Libra 协会吸纳了来自支付、电信、风投等多个行业共 28 家成员。Libra 协会计划在 2020 年上半年针对性发布 Libra 时，协会的创始成员数量增加到 100 个左右。Libra 协会拥有最终决策权，协会中的每一个成员享有相同的权利并承担相同的义务和财务责任。

表 1　Libra 协会最初的 21 位成员

行业	企业
支付	PayU（Naspers 旗下的金融科技公司）
技术和交易平台	Farfetch、Lyft、Spotify AB、Uber Technologies Inc.、Shopify、Tagomi
电信	Iliad
区块链	Anchorage、Bison Trails、Coinbase Inc.、Xapo Holdings Limited
风险投资	Andreessen Horowitz、Breakthrough Initiatives、Ribbit Capital、Thrive Capital、Union Square Ventures
非营利组织、多边组织和学术机构	Creative Destruction Lab、Kiva、Mercy Corps、Women's World Banking

资料来源：Libra 白皮书（2019 版）、零壹智库。

不过，Libra 白皮书推出之后，受到了全球多国央行、立法机构以及全球多家隐私保护机构的质疑，指出 Libra 存在侵犯隐私、洗钱、恐怖主义融资和破坏金融稳定等方面的威胁，多方的压力和由此带来的不确定性，导致多家的创始会员选择退出 Libra 协会，包括 Paypal、Visa、Mastercard、eBay、Stripe 和 Mercado Pago 等多家支付巨头企业。

2020 年 1 月，英国电信巨头 Vodafone Group 宣布退出 Libra，

这是 Libra 协会于 2019 年 10 月正式成立后第一个退出的公司，也是第八家宣布退出 Libra 的创始成员。不过，在部分成员退出的同时，也有新成员加入。2020 年 2 月，数字支付平台 Shopify 选择加入了 Libra 协会。

Libra 协会下设 Libra 协会理事会作为其治理机构，由协会各成员的代表组成。理事会最初的成员是创始成员，也是网络最初的验证者节点。要成为这类验证者节点，实体企业需要为项目投资 1000 万美元。每投资 1000 万美元即可在理事会享有一个投票权，单个创始成员只能代表理事会中的 1 票或总票数的 1%（以较大者为准）。

在初版白皮书的设定中，Libra 计划用五年的时间完成由许可链向无许可系统的转变，实现完全"去中心化"。而在白皮书 2.0 版本中，Libra 已经放弃这一过渡计划，以回应监管机构对 Libra 网络的控制范围提出过的担忧，例如需要防范未知参与者控制系统以及删除关键合规条款。

（2）核心技术：基于区块链技术的开源平台

Libra 目标是成为金融服务的坚实基础，其技术体系要打造一种新的全球货币，满足数十亿人的日常金融需求。因此，Libra 所基于的区块链技术系统必须满足三方面的要求：①高效高容量，即 Libra 旨在建立面向全球数十亿用户的金融服务系统，意味着其系统必须能容纳数十亿账户的交易吞吐量，同时必须保有低延迟等功能特性，拥有高效高容量的存储系统；②高安全性能，即 Libra 系统必须拥有高度的安全性能，才能保障数额庞大的资金和金融数据的安全；③高度灵活性，即可支持Libra生态系统的管理以及未来金融服务领域的创新。

Libra区块链系统是融合了多种创新方法和已被充分掌握的技术，从零开始构建的一个开源软件系统。这一技术系统包含了三个关键技术：

1）设计和使用安全性和可靠性更高的"Move"编程语言

设计和使用安全性和可靠性更高的"Move"编程语言，"Move"具有以下几个方面的技术优势：

a. 防止资源被复制，实现资源所有者唯一性，亦即资源只能消费一次，并限制创建新资源；

b. 自动验证交易是否满足条件，以确保区块链安全性；

c. 减轻关键交易代码的开发难度，可靠地执行Libra生态系统的管理政策。

2）采用基于Libra BFT共识协议的BFT机制

BFT（Byzantine Fault Tolerance，拜占庭容错）共识协议可以实现所有验证者节点就将要执行的交易及其执行顺序达成一致。即使某些验证者节点（最多三分之一的网络）被破坏或发生故障，BFT共识协议的设计也能够确保网络正常运行。

3）采用梅克尔树数据存储结构

梅克尔树数据存储结构已在其他区块链中广泛使用，可以侦测到现有数据的任何变化，能有效确保存储交易数据的安全性。不同于以往将区块链视为交易区块的集合，Libra区块链是一种单一的数据结构，可长期记录交易历史和状态。

第七章　Libra 的前世今生

这种实现方式简化了访问区块链应用的工作量，允许它们从任何时间点读取任何数据，并使用统一框架验证该数据的完整性。

（3）由现金、现金等价物和非常短期的政府证券组成资产储备

按照初版白皮书的设计，Libra 将全部使用真实资产储备（称为"Libra 储备"）作为担保，100% 挂钩一揽子货币，以"类货币局＋一揽子货币"的制度来保证长期币值的稳定性。

不过，在 4 月 16 日发布的 Libra 白皮书 2.0 中，对这一设定做了调整。调整后的 Libra 支付系统将支持锚定单一法币的单货币稳定币（如 USD、EUR、GBP 等）以及一种由前述多种单币种稳定币支撑的新代币 LBR，以期让 Libra 币在很多地方被接受，方便人们访问 Libra 网络。为了让 Libra 币价值保持相对稳定，每种单币种稳定币都会有 1∶1 的储备金支持，储备金包括现金、现金等价物以及以相关货币计价的非常短期的政府证券。而每种多币种稳定币则是多种单币种稳定币的一个组合，继承了这些稳定币的稳定性及背书。

Libra 白皮书 2.0 版本提到，Libra 的储备金将得到管理，相应的举动主要有三个方面：①Libra 协会将与多家地理位置不同、受全球性机构监管的托管服务商订立储备金托管协议；②Libra 协会将设计与指定经销商互动的储备金操作流程，确保高透明度和可审计性；③Libra 协会将与监管机构合作，确定构成 LBR 的单币种稳定币的具体固定权重。

3. Libra 的创新价值与优势

Libra 白皮书的发布,在全球范围内引发了持续的关注热度,使 Libra 成为比特币之外最受市场关注且尚未发行的数字货币。相比其他数字货币,Libra 的创新价值与优势主要体现在两个方面:一是 Libra 系统的单币种稳定币通过 1∶1 锚定真实资产储备,保证其币值的长期稳定性,有助于其后续被广泛接受应用;二是 Libra 采用非完全的去中心化管理制度,由独立的第三方非营利组织进行管理,既区别于主权货币的由一国政府主导的管理体系,同时也较比特币等去中心化管理的货币体系更具监管友好特质。

表 2　Libra 与其他币种对比

货币	Libra	法定数字货币	比特币	稳定币 USDT
发行主体	Libra 协会	各国央行	无	Tether 公司
发行机制	中心化	中心化	去中心化	去中心化
信用背书	100%挂钩真实储备资产	政府信用	无	100%挂钩美元
发行数量	无限	无限	上限 2100 万个	无限
流通范围	全球	本国	全球	流通场景有限

资料来源:零壹智库。

与几种主要的数字货币相比,在发行机制上 Libra 采用的是和法定数字货币相同的中心化机制,只不过发行主体是由几十家企业(计划到发行时达到 100 家)组成的 Libra 协会,采用联盟链的形式，让协会成员通过权限授予的方式运行许可型节点。

虽然不同于法定数字货币是基于政府信用背书，但 Libra 选择 100% 挂钩一揽子法币或单一法币，以确保其长期价值的稳定性，这种做法可以避免比特币等去中心化数字货币价值极度不稳定的情况。在币值稳定性和信用背书相对独立的前提下，叠加其加密数字货币的可匿名、跨境自由流动等特点，Libra 被认为将有可能发展超过主权货币，对各国货币金融体系带来冲击。

因此，在白皮书发布之后，不少国家在高度关注 Libra 发展动态的同时，也加快了本国数字货币的研发进程。国际清算银行（BIS）在一份报告中指出，2020 年全球至少有 17 个国家的政府在探索使用法定数字货币。

第二节 Libra 对全球货币金融体系的影响

自 2019 年 6 月 Libra 白皮书发布以来，在引发全球关注的同时也面临着来自各个国家各个方面的监管难题，主要原因在于按照 Libra 的构想，一旦真正实施，极有可能发展成为在全球范围内被广泛接受的超主权货币，将对全球各国货币主权、货币政策和金融稳定等方面带来不小的影响。

1. Libra 对全球货币体系的冲击

基于区块链技术发行的 Libra 能实现高效低成本跨境支付及结算的功能，同时与一揽子法币锚定也使其拥有价值稳定的属性——从 Libra 的资产储备来看，支持 Libra 的实际资产是一系列低波动性的资产，包括由稳定且信誉良好的央行提供的现金和政府货币证券。此外，叠加 Facebook 在全球范围内近 27 亿的庞大用户群体以及 Libra 协会部分会员所带来的场景优势，一旦得以发行，极有可能发展成为超主权货币，对全球货币体系带来冲击。

具体来看，Libra 对于各国货币主权的影响不一。对于单一法币型 Libra，直接关系到该国法币的数字化；对于一揽子型 Libra，关键考量因素在于一揽子货币的构成。挂钩一揽子货币的 Libra 类似于 20 世纪 60 年代国际货币基金组织推出的 SDR（Special Drawing Right，特别提款权），会对被纳入其中的货币的国际地位产生影响。

从一揽子型 Libra 的资产储备来看，其所挂钩的五种货币中，美元占据了 50%，亦即美元和美国国债依然是其主要的资产储备，从这个角度来看，当 Libra 在全球范围内应用得以成功推广，也会进一步提升美元在全球货币体系中的权重。而单一锚定美元的 Libra 将成为数字美元的一种代表。

而对于部分小国或者币值不稳定、通胀率较高的国家，Libra 由于币值稳定以及能够跨国自由流通，对居民的吸引力要远大于本国法币。居民对于 Libra 的持有将对该国主权货币造成挤出效应，导致本币贬值，并进一步引发汇率风险，对该国货币体系安全造成冲击。

2. Libra 对各国货币政策的影响

Libra 如果被允许发行并获得大规模流通，基于其价值稳定的属性和能实现全球自由流通的功能，将削弱各国货币政策的有效性，影响各国货币政策的实施效果。

首先，Libra 的流通使用一旦形成规模，则会对一国的主权货币形成分流、替代，导致主权货币使用量下降，进而降低主权货币流通速度、货币乘数，从而削弱了主权国家对货币政策的掌控力，进一步对一国政府的货币政策有效性与传导机制产生影响。①

其次，Libra 跨境自由流动的功能也会影响到主权国家对资本跨境流动的调节管理。按照白皮书的设计，Libra 用于支付、转账、汇款，背后不需要依托银行间的清算体系即可实现实时到账功能，这意味着各国居民可以使用本国法币在移动终端上按照一定汇率换取 Libra，过程中绕开了各国的资本管制。对于大多数国家而言，适当调节、限制资本跨境流动，是刺激本国出口以及调节经济发展的重要手段，所以 Libra 能在国际上自由流通的功能，容易引发汇率的波动和市场利率的变化，影响各

---

① 盛松成，蒋一乐，龙玉. 为什么数字货币 Libra 项目会被叫停？[J]. 中国金融，2019（15）.

国货币政策的执行效果。①

最后，Libra 储备资产会影响全球金融资产配置格局，当 Libra 发行量不断增加时，便会增加对储备货币的存款及低风险债券的投资，其结果就是，全球资金从非储备货币国流向储备货币经济体，带动储备货币利率下行，削弱储备货币经济体紧缩货币政策的效果，同时，也可能削弱非储备货币经济体放松货币政策的效果；反之，亦然。②

此外，Libra 的发行和广泛使用，也会增加国家在外汇管理方面的难度。Libra 发行之后，必将加速各国本币和储备货币组合之间的兑换，Libra 的流通涉及 Libra 的储备货币组合，金融储备资产和各个国家的法定货币，所以跨境同步操作的复杂程度会大幅上升。此外，它所强调的点对点交易和利民性，也使得央行和监管部门对于跨境资本流动的追踪难度在加大。③

3. Libra 对各国商业银行体系的影响

Libra 在跨境支付领域的发力，会对各国商业银行的中间业务带来直接的影响，进而改变现有金融机构的商业模式。在现代的金融体系中，商业银行位于金融体系的核心，在支付与存款业务方面具有绝对优势。Libra 基于区块链技术实现了去中心

---

① 任泽平. Libra 研究报告：区块链加密数字货币 [EB/OL]. 金融界，2019 - 10 - 27.
② 盛松成，蒋一乐，龙玉. 为什么数字货币 Libra 项目会被叫停？[J]. 中国金融，2019（15）.
③ 巴曙松. Libra 会使一些经济体越来越依赖财政政策 [N]. 新京报，2020 - 01 - 14.

化、可匿名支付等特点，使得 Libra 用户的交易、记账和清结算环节都可以绕过商业银行直接进行。

随着 Libra 的广泛应用，将带动越来越多的个人用户借助 Libra 进行支付交易，客户交易的相关数据也不会流经商业银行系统，不可避免地引发客户信息与资源流失，商业银行的支付业务和存款业务将发生萎缩，商业银行在金融体系中的核心作用将受到侵蚀，对其未来的发展将造成负面影响。

第三节　Libra 对全球监管的挑战

如前所述，Libra 对全球货币金融体系可能存在多方面的威胁，包括冲击国家货币主权、破坏国家货币政策传导机制等，除此之外，Facebook 此前关于泄露用户隐私和滥用用户数据的行为，也引发了监管层对 Libra 可能带来的用户隐私和数据安全问题的担忧。同时，加密数字货币的不可追踪、可匿名、跨国流动自由等特性，也容易使 Libra 被用于洗钱、逃避税收、恐怖主义融资等金融违法行为。

Libra 白皮书发布之后，引发了全球范围监管机构的高度重视，其中不少国家对 Libra 表示出不同程度的顾虑和担忧，纷纷表态并采取措施，以应对 Libra 可能带来的风险与挑战。

表3　全球主要经济体和国际组织对Libra的监管态度

国别	态度	具体表态
中国	中性	央行支付结算司副司长：Libra创造的是跨境自由流动的可兑换数字货币，这类稳定币发展离不开央行的支持和监管
中国	中性	清华大学国家金融研究院院长朱民：Libra对现有金融体系、货币体系甚至未来储备体系都会是很大的冲击
中国	中性	国家金融与发展实验室理事长：数字货币尤其是Libra需要深入研究
美国	消极	2019年7月2日据媒体报道，美国众议院民主党议员向Facebook发布公开信，呼吁暂停所有的Libra开发
美国	中性	2019年6月19日美联储主席：美联储不会将监管Facebook的Libra项目纳入议程，因为美联储不具备此类权力
美国	消极	2019年6月21日据媒体报道，美国众议院金融服务委员会主席玛克辛·沃特斯（Maxine Waters）继续呼吁Facebook暂停Libra的开发
美国	积极	特朗普经济顾问表示支持Libra：总体来说这是一件好事
欧盟	中性	2020年2月21日据媒体报道，欧盟委员会常务副主席：欧盟委员会希望迅速采取行动，为Libra稳定币和其他欧盟加密资产项目制定法规
瑞士	积极	瑞士国际金融秘书处：瑞士愿意积极推动Libra项目
英国	消极	英国金融监管机构官员：Libra将给社会和政府带来需要密切审查的问题
英国	中性	英国金融行为管理局：有关Libra信息不足，若无更多信息，Libra或不被批准
英国	积极	英国央行行长：Libra可大幅降低金融成本并增加包容性，类似Libra的数字货币将是取代美元体系的最优选项
俄罗斯	消极	俄罗斯国家杜马金融委员会主席：关于在现阶段使用Facebook加密货币作为俄罗斯的支付工具，我认为这在我们国家将被禁止

第七章 Libra 的前世今生

续表

国别	态度	具体表态
俄罗斯	中性	俄罗斯财政部副部长：俄罗斯财政部不会对 Libra 发布任何特别规定，没人会禁止它
印度	消极	印度《经济时报》2019 年 6 月 20 日报道指出，由于该国目前禁止基于区块链的货币交易，Libra 可能无法进入印度
意大利	中性	意大利央行表示，Libra 白皮书提供的信息很少，不清楚如何从监管角度对项目进行分类
法国和德国	消极	2019 年 9 月 13 日，法国与德国财政部长发表联合声明，重申货币主权重要性，反对 Libra 在欧洲发行
G7	消极	2019 年 10 月，G7（七国集团）一份报告草案概述了数字货币带来的 9 个主要风险，并称即使 Libra 的支持者解决了这些问题，该项目也可能得不到监管机构的批准
G20	消极	2019 年 10 月份，G20（二十国集团）财长和央行行长会议发布了把美国 Facebook 公司计划发行的虚拟货币"天秤币（Libra）"作为监管对象的协议文件，以在防范被用来洗钱和用户保护方面存在担忧为由，表明了在"对严重风险采取恰当处置"前不允许发行的方针
澳大利亚	消极	澳大利亚储备银行行长警告表示，Facebook 推出的 Libra 将可能无法成为主流加密货币
日本	消极	日本央行行长表示，Libra 可能会对金融系统产生巨大影响，且需要全球政策协同合作对其进行监管
韩国	消极	韩国金融监管机构称，Facebook 推出的 Libra 加密货币项目将威胁到金融体系的稳定
泰国	积极	泰国央行行长承认，Libra 稳定币将给泰国人提供更多的金融准入机会，但他表示仍然需要对 Libra 的好处和风险进行审慎的研究，并将对其操作和安全系统进行深入讨论
国际清算银行	消极	国际清算银行表示，Libra 等科技金融项目超出传统金融监管，或对全球银行系统构成挑战。如果 Libra 无法获得各国监管机构的批准和支持，其跨境汇款业务将难以顺利开展，流动范围和应用场景将大幅萎缩

资料来源：零壹智库。

从以上资料来看，Libra 想要顺利推行，仍有大量问题需要解决：

1. Libra 想要成为在全球范围内流通的数字货币，意味着需要在多个国家取得相应的牌照，但世界各国牌照监管政策各不相同，这也意味着 Libra 在未来要付出相当大的合规成本。

2. Libra 体系的技术基础虽然综合了多种技术优势，但要真正相应地在全球范围内数十亿人实时进行支付清算活动，意味着其要有能力支撑得起大规模密集交易的区块链底层，目前的主流区块链系统难以实现。

3. Libra 虽然采取了多节点参与的独立协会制度进行管理，但其信用始终不及国家机器，Libra 是否能够实现完全的去中心化，保持其独立性依然是个问题。

4. 白皮书强调了对用户隐私保护的重视，所以 Libra 将与用户的真实身份不进行完全的挂钩，在这个前提下，如何有效防范金融犯罪行为，也是 Libra 需要解决的问题。

第七章　Libra 的前世今生

第四节　Libra 对中国的影响与应对

1. Libra 对中国的影响

从 Libra 项目的进展来看，短期内并不一定能够成功发行，但其所代表的数字化的超主权货币理念已经在全球范围内引起重视，不管是主权国家还是第三方组织，对这个方向的尝试应该会陆续出现。除了前述对货币主权、货币政策等方面的影响之外，超主权货币对我国造成的直接的冲击主要体现在两个方面，一是国际支付业务，二是人民币的国际化进程。

国际支付业务方面，Libra 的主要业务场景就是跨境支付，现阶段全球跨境支付业务存在的主要问题就是成本和效率问题。按照白皮书的设定，Libra 将搭建一套极低费率并且只需通过移动终端即可实现即时交易的跨境支付体系，这将对包括中国在内的各国跨境业务带来不小的冲击，甚至可以说将直接颠覆现有的国际跨境支付体系。而中国以微信支付和支付宝为代表的第三方移动支付企业近几年也开始加码开拓海外市场，虽然 Libra 前途还不甚明朗，对第三方移动支付企业而言，这个潜在的威胁必须重视。

人民币国际化进程方面，从目前的信息来看，Libra 通过锚定一揽子法币来保证其价值稳定，这个做法类似于国际货币基金组织在 20 世纪 60 年代推出的 SDR（特别提款权，SDR 由一揽子货币按比例构成，可以用来偿付本国逆差和对国际货币基金组织的欠款），对于包含在其中的货币的国际功能将有所提升。如人民币在 2016 年 10 月正式加入 SDR 之后，国际化进程明显提速，有数据显示，人民币占全球货币储备的比例由 2016 年 10 月的 0.84% 增加至 2019 年 3 月的 1.84%。不过，从目前信息来看，Libra 所锚定的五种法币并不包括人民币，因此随着 Libra 在全球范围的推广，人民币国际化进程会受到钳制。

2. 中国应对：密切关注，积极行动

（1）加快推进中国央行法定数字货币进程

在 Libra 的推动下，世界各国都在加快对央行法定数字货币的研发，不管 Libra 最终能否顺利发行，但更多的主权、超主权数字货币将陆续诞生，全球货币金融体系也将在这个过程中不断变化。当下，法定数字货币首先是一个应对 Libra 所带来的冲击的先行武器，从更长远看，法定数字货币将推动我国货币生态往数字化形式深化发展，也进一步为人民币国际化打好基础。

（2）鼓励发展区块链技术和数字货币研究

数字货币已经成为我们讨论经济金融问题时必须要关注的一个不可或缺的因素，而区块链是其中关键的技术之一，步入

数字经济时代，对区块链技术和数字货币的研究应该提升到一个国家的战略高度。中国自 2019 年 10 月 24 日讲话以来，对区块链技术的认知已经有所提升，而在 Libra 的推动下，法定数字货币的推动工作也在加速进行。未来，应该鼓励更多的技术性企业参与到区块链 + 数字货币这一领域的研究开发中，以最大限度驱动行业发展。

（3）密切关注 Libra 发展动态，做好积极应对

目前 Libra 的发行时间和最终的发行版本都尚没有定论，但这个数字货币体系的发展与各国货币金融体系紧密相关。我国应密切关注 Libra 的动态，对其整体设计、运营情况以及协会成员变动等方面加以留意，特别是其锚定的一揽子法币的构成和占比的变动情况，以便及时调整，做出有效的应对。同时在国际层面要加强与各国央行和国际组织的监管合作，实现对 Libra 的监测和管理。我国应密切关注 Libra 的发展动向以及各国对 Libra 的监管态度，积极参与数字货币国际监管规则的制定，加强监管合作。

BLUE BOOK OF DIGITAL CURRENCY

第八章

中国法定数字货币

第八章　中国法定数字货币

伴随着 Libra 白皮书的发布，法定数字货币对于各个主权国家的战略意义进一步提升。2019 年下半年以来，越来越多的国家在法定数字货币方面发表言论并推进相应的研发行动，中国在法定数字货币的研发上更是以领先之势快马加鞭行进。截至 2019 年底，中国已基本完成了法定数字货币顶层设计、标准制定、功能研发、联调测试等工作，2020 年也迎来了落地试点阶段。本章将对中国法定数字货币的基本情况进行梳理，以期系统地掌握其发展脉络和未来动向。

第一节　中国法定数字货币的定义

中国法定数字货币，英文简称为"DC/EP"，"DC"是"Digital Currency（数字货币）"的缩写，"EP"是"Electronic Payment（电子支付）"的缩写。

中国法定数字货币由中国央行基于 100% 准备金发行并进行信用担保，具有无限法偿性（即不能拒绝接受法定数字货币）。DC/EP 是中央银行的负债，其定位是对流通中现金即流通中的现金（M0）的替代[①]，本质上，DC/EP 是法定货币的数字化，其主要应用场景是小额高频的支付场景。

目前，在小额高频支付场景中充当支付工具的包括现金（纸钞和硬币）以及支付宝、微信支付等电子支付。中国法定数字货币与这两者相比，主要的差别如下：

1. 与现金的差别

中国法定数字货币与现金（包括纸钞和硬币）都是由中国央行发行的基于国家信用背书的法定货币，同样具有无限法偿性。区别在于，中国法定数字货币是数字化的法币，其本质是带有中国央行签名的加密数字串，在便携性之外，能够实现可控匿名，相比于现金的完全匿名化，能够更加有效地防止恐怖交易、洗钱等金融违法行为。

2. 与电子支付的差别

支付宝、微信支付等无现金支付的电子支付方式已覆盖日常生活众多领域，中国法定数字货币与这一类移动支付工具有着本质区别，中国法定数字货币对应的是 M0，即流通中的现金体系，移动支付工具是支付方式的电子化，其核心的交易结算功能还是通过商业银行即原先的货币系统完成，对应的是狭义货币供应量（M1）、广义货币供应量（M2）体系。

此外，中国法定数字货币相比支付宝和微信支付，在安全

---

① 姚前．中央银行数字货币原型系统实验研究[J]．软件学报，2018（09）．

性、使用场景广泛性等方面更具优势。安全性方面，中国法定数字货币由央行发行并进行信用担保，充当最后贷款人角色，因此可以避免商业银行等可能出现破产的情形，从根源上消除了用户财产损失的发生；使用场景方面，DC/EP 是国家法定数字货币，具有法律强制力，只要国内能使用电子支付的场景，都不能拒绝接收法定数字货币，就如同任何场所都不能拒绝接收人民币纸钞一样。同时，中国央行法定数字货币具有"双离线支付"功能，因而在没有网络信号等极端环境中，支付行为仍能发生。

3. 与 Libra 等数字货币的区别

中国央行法定数字货币是对 M0 的替代，本质上是人民币的数字化，不同于 Libra、比特币等加密数字货币，最大的区别在于 DC/EP 属于法币，基于国家信用发行，具有无限法偿性和稳定的货币价值。

Libra 的发行方是由民间企业组成的 Libra 协会，并非中央银行或公共权威机构，目前也暂未得到美国监管机构的许可。虽然 Libra 白皮书也提到 Libra 会与一揽子货币或单一法币挂钩，但相比作为主权货币的 DC/EP，Libra 的价值和功能的实现尚存在很多不确定性。

而以比特币、太币为代表的加密货币，其发行基于区块链技术系统，没有发行主体，属于非主权货币，它们的价格由市场驱动，主要流转于线上社区和认同该币种价值的人群中，处于无政府监管状态，在流通过程中完全匿名化，其权威性、安全性等方面都存有潜在威胁。

第二节　为什么要推出法定数字货币？

1. 保护国家货币主权和法币地位

我国数字货币研究工作相关负责人也在过往的讲话中表示"保护国家货币主权和法币地位"是推出法定数字货币的首要目的。

从 2009 年开始，以比特币为代表的去中心化货币，因为具有中心化、保密性和稀缺性等特点，同时能实现在全球范围内的自由流动，因而逐渐受市场追捧，业内一度出现希望比特币取代法币成为世界货币的声音。虽然目前去中心化数字货币主要活跃在线上社区，但已经形成一定的用户基础，由于其具有货币属性，一旦形成规模应用，将对本国货币造成挤压、替代，导致本国资产外流，威胁国家货币主权。

2019 年 6 月 Libra 白皮书发布引起了世界各国的高度关注，无论是发展中国家还是发达国家，都对这一由全球社交巨头 Facebook 所主导发行的数字货币保持警惕。可以看到，在 Libra 的刺激下，各国央行关于法定数字货币的研发步伐明显加快。

Libra 作为一种机构稳定货币，当其按照设定的路线成为一套与一揽子货币挂钩的"无国界货币"时，有可能对各国法币、商业银行体系及双支柱框架产生冲击，对各国主权货币体系和未来法定数字货币存在多方面的威胁。[①]

此外，发行法定数字货币将使出口和推动本国货币在国外的使用变得更加便捷，从而有可能增强我国在全球经济和国际政治上的影响力[②]。目前，我国跨境清算依然高度依赖美国的环球同业银行金融电讯协会和纽约清算所银行同业支付系统（CHIPS），发行法定数字货币有望在未来的跨境支付清算中摆脱对上述支付体系的依赖，为人民币的流通带来便利，推动人民币的国际化发展。

2. 降本、提效、控风险

我国现有的现金系统（纸钞、硬币）在发行、印制、回笼、贮藏等环节需要消耗过高的成本，流通体系层级较多，在防伪性能、携带方面均需要成本投入。法定数字货币实现了法币的数字化，能为支付便捷性和交易清算效率带来很大提升，有助于优化央行货币支付功能，提高央行货币地位和货币政策有效性。[③]

---

① 吴桐，郭建鸾. Facebook 加密货币 Libra 的经济学分析：背景、内涵、影响与挑战[J]. 贵州社会科学，2019（09）.
② Blockchain Capital. 2019 加密报告[R]. 2019.12.
③ 姚前. 法定数字货币的经济效应分析：理论与实证[J]. 国际金融研究，2019（01）.

此外，现金的使用具有匿名性，难以预防金融犯罪活动，而中国法定数字货币在保持现钞的属性和价值特征的同时，可实现可控匿名，对货币进行精准追踪，在有效减少洗钱、逃税等金融犯罪行为的同时，也加强了央行对货币流通和宏观经济运行情况的把握。

3. 顺应数字经济发展潮流

当下，5G 等信息技术的发展正加速推动人类社会迈入数字经济时代。2018 年我国数字经济规模已达 31.3 万亿元，占 GDP 比重的 34.8%，数字经济已经成为中国经济增长的新引擎。[①] 推动数字经济发展，壮大数字经济业态成为上至国家、下至企业的共识。

法定数字货币也成为发展数字经济的重要金融支持工具，能从四个方面推动我国数字经济发展：一是有助于数字经济提质增效；二是有助于数字经济普惠共享；三是有助于数字经济宏观调控；四是有助于数字经济风险防范。[②] 因此，中国央行推出法定数字货币，也是顺应数字经济发展的潮流。

[①] 中国网络空间研究院. 中国互联网发展报告 2019 [M]. 北京：电子工业出版社，2019.10.

[②] 姚前. 法定数字货币的经济效应分析：理论与实证 [J]. 国际金融研究，2019（01）.

第三节 中国法定数字货币的研发历程

在法定数字货币研发上，我国政府表现出了较强的前瞻性。早在 2014 年，央行就已开始开展对数字货币、央行数字货币的研发工作。在近 5 年多的时间里，中国人民银行数字货币研究所联合数家商业银行，从数字货币方案原型、数字票据等多维度研究法定数字货币的可行性，在法定数字货币的研发工作上主要有以下几个关键节点：

2014 年，在时任央行行长周小川的倡导下，央行成立法定数字货币专门研究小组，旨在论证央行发行法定数字货币的可能性。2016 年成为全球首个就数字货币公开发声的央行。

2017 年，央行成立数字货币研究所，是中国法定数字货币研发进程中的重要节点。2016 年启动研发的数字票据交易平台原型，于 2018 年 1 月在票交所成功进行实验（见表1）。

表 1　中国法定数字货币研究进展

时间	法定数字货币研究进展
2014 年	在周小川倡导下，央行成立法定数字货币专门研究小组，旨在论证央行发行法定数字货币的可能性
2015 年	发布人民银行发行数字货币的系列研究报告，央行发行法定数字货币的原型方案完成两轮修订

续表

时间	法定数字货币研究进展
2016年1月20日	央行首次召开数字货币研讨会，对外公开发行数字货币的目标
2016年7月1日	央行启动基于区块链和数字货币的数字票据交易平台原型研发工作
2017年1月29日	央行正式成立数字货币研究所
2017年1月	区块链电子钱包BOC wallet（iOS版）正式上线
2017年2月1日	央行推动的基于区块链数字票据交易平台测试成功
2017年3月1日	中央科技工作会议强调构建以数字货币探索为龙头的央行创新平台
2017年5月27日	央行数字货币研究所正式挂牌
2017年6月1日	央行发布关于冒用人民银行名义发行或推广数字货币的风险提示
2017年6月	央行宣布在五年计划中推动区块链发展
2017年9月4日	央行等七部委联合发布《关于防范代币发行融资风险的公告》，叫停首次货币发行（ICO）
2018年1月25日	数字票据平台在票交所成功进行实验性生产
2018年3月26日	央行下属公司宣布成功建立区块链注册开放平台（BROP）
2018年3月28日	央行召开2018年全国货币金银工作电视电话会议，会议指出"稳步推进央行数字货币研发"
2018年6月15日	央行下属数字货币研究所在深圳成立"深圳金融科技有限公司"，并参与贸易金融区块链等项目开发
2019年2月22日	央行召开2018年全国货币金银工作会议，提出"深入推进数字货币研发"
2019年5月	在贵阳举办的2019中国国际大数据产业博览会上，央行数字货币研究所开发的PBCTFP贸易融资的区块链平台亮相
2019年7月	央行通过国务院审批，正在组织市场机构进行央行数字货币的研发

续表

时间	法定数字货币研究进展
2019年8月2日	央行召开2019年下半年工作电视会议,指出下半年要加快推进法定数字货币(DC/EP)研发步伐,跟踪国内外虚拟货币发展趋势
2019年8月10日	中国人民银行支付结算司副司长穆长春表示,央行数字货币呼之欲出,将采用双层运营体系
2019年9月4日	得到App上线穆长春关于数字货币的课程《金融科技前沿:Libra与数字货币展望》,其中最后两节重点讲解央行数字货币
2019年9月5日	《中国日报》英文版报道,央行数字货币的"闭环测试"已经开始,测试中会模拟某些支付方案并涉及一些商业和非政府机构
2019年9月6日	媒体报道称,原央行支付结算司副司长穆长春担任中国人民银行数字货币研究所所长
2019年9月24日	央行行长易纲在庆祝中华人民共和国成立70周年系列新闻发布会上表示,央行数字货币推出,目前没有时间表,还有一系列的研究、测试点等工作要进行
2019年12月	根据《财经》杂志报道,由央行牵头,工、农、中、建四大国有商业银行,中国移动、中国电信、中国联通三大电信运营商共同参与的央行法定数字货币试点项目有望在深圳、苏州等落地
2020年1月10日	央行官微发布《盘点2019│金融科技》,指出基本完成了数字货币顶层设计、标准制定、功能研发、联调测试等工作
2020年1月15日	上海发布《加快推进金融科技中心建设实施方案》,方案提到积极支持人民银行数字货币研究所在沪成立金融科技公司
2020年3月	国家发改委数字经济新型基础设施课题研究第九次会议上,10余位专家学者研判认为,新冠肺炎疫情过后,央行数字货币可能会加快推出,成为流向全程可控的特殊"专项资金"
2020年4月	央行数字货币研究所回应内测传闻,指出当前数字人民币研发工作正在稳妥推进,先行在深圳、苏州、雄安新区、成都及未来的冬奥场景进行内部封闭试点测试,以不断优化和完善功能

资料来源:零壹智库。

从 2019 年下半年开始，中国法定数字货币（DC/EP）的研发步伐明显加快，相关人员密集发声。7 月 8 日，中国央行研究局局长王信透露，国务院已正式批准央行数字货币的研发，央行正在组织市场机构从事相应工作，将尽快推出央行数字货币。8 月 2 日，央行召开 2019 年下半年工作电视会议，明确指出下半年要加快推进我国法定数字货币（DC/EP）的研发步伐，并及时跟踪国内外虚拟货币发展趋势。8 月 10 日，时任中国人民银行支付结算司副司长的穆长春在第三届中国金融四十人伊春论坛上表示，中国法定数字货币"现在可以说是呼之欲出了"。

2020 年 4 月份，央行数字货币研究所回应 DC/EP 内测传闻，表示数字人民币研发工作正在稳妥推进，先行在深圳、苏州、雄安新区、成都及未来的冬奥场景进行内部封闭试点测试，以不断优化和完善功能。同时指出，当前网传 DC/EP 信息为技术研发过程中的测试内容，并不意味着数字人民币正式落地发行。

第四节　中国法定数字货币的发行与运营体系

中国法定数字货币是法币的数字化形式，其运行管理模式核心是坚持"中心化"原则，保障央行在 DC/EP 投放过程中的中心地位。具体来看,中国法定数字货币采用的是"中央银行—商业机构"的双层运营模式,以账户松耦合的方式投放。其核心要素包括"一币、两库、三中心"。央行有关数字货币的发行全流程顶层设计环节包括发行、流通、管理、回笼、投融资、清结算。

1. 双层运营体系

中国法定数字货币的投放采用与纸币相同的"央行—商业银行"的二元模式,即"双层运营体系"。所谓的双层运营体系,上层是央行对商业银行,下层是商业银行对公众。在具体操作中,央行按照100%准备金制将法定数字货币兑换给商业银行,再由商业银行或商业机构将法定数字货币兑换给公众。

采取这样的运营模式,主要考虑到两个方面的原因:一是更容易在现有货币运行框架下让法定数字货币逐步取代纸币,而不颠覆现有货币发行流通体系;二是可以调动商业银行积极性,避免重复建设工作,适当分散风险,加快服务创新。[①]

在"央行—商业银行"二元模式之下,法定数字货币的运行包括了三个层次:

第一层的主体包括央行和商业银行,涉及法定数字货币的发行、回笼以及在商业银行之间的转移;第二层是法定数字货币在商业银行和个人或机构的数字货币钱包之间的流通转移;

---

① 姚前. 中央银行数字货币原型系统实验研究[J]. 软件学报,2018(09).

第三层是法定数字货币在个人或机构数字货币钱包之间的流通转移（见图1）。①

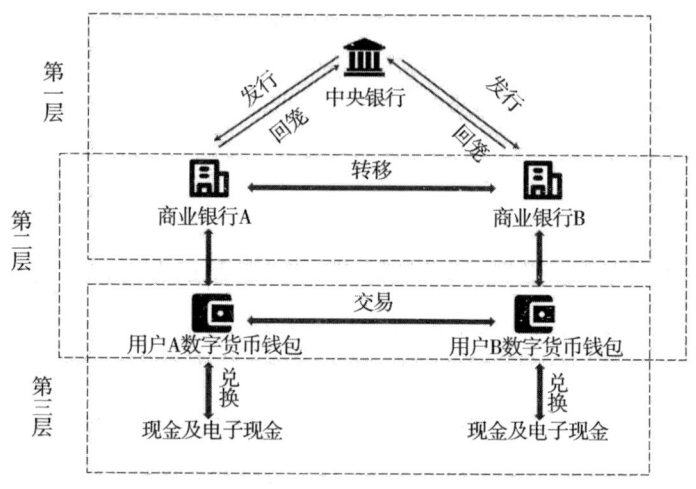

图 1　中国法定数字货币双层运营体系

资料来源：零壹智库。

2. 三个核心要素②

在中国法定数字货币体系中有三个核心要素：一币、两库、三中心。

"一币"是指央行数字货币本质是由央行进行担保并签名发行的代表一定价值数额的加密数字串。央行数字货币应具备以下特性：不可重复花费性、匿名性、不可伪造性、系统无关性、

---

① 姚前.中央银行数字货币原型系统实验研究[J].软件学报，2018（09）.
② 姚前.中央银行数字货币原型系统实验研究[J].软件学报，2018（09）.

安全性、可传递性、可追踪性、可分性、可编程性。

"两库"是指中央银行发行库和商业银行的银行库，同时还包括在流通市场上个人或单位用户使用央行数字货币（CBDC）的数字货币钱包。

"三中心"是指认证中心、登记中心和大数据分析中心。认证中心：央行对央行数字货币机构及用户身份信息进行集中管理，它是系统安全的基础组件，也是可控匿名设计的重要环节。登记中心：记录 CBDC 及对应用户身份，完成权属登记；记录流水，完成 CBDC 产生、流通、清点核对及消亡全过程登记。大数据分析中心：反洗钱、支付行为分析、监管调控指标分析等。

3. 顶层设计：发行、流通、管理、回笼、投融资、清结算

在法定数字货币技术研发方面，目前已有 87 个相关专利申请完成，涉及生成、流通和回收等环节，其中央行数字货币研究所申请了 65 个专利，央行印制科学技术研究所申请了 22 个。到 2020 年 2 月，最新公示的一个专利名称为"一种数字货币的生成方法及系统"，该专利于 2019 年 8 月 29 日申请，2020 年 2 月 4 日公示。

中国法定数字货币系统包括中央银行数字货币系统、商业银行数字货币系统以及认证系统。其中，中央银行数字货币系统用于产生和发行数字货币以及对数字货币进行权属登记；商业银行数字货币系统用于针对数字货币执行银行功能；认证系

统用于对中央银行数字货币系统和数字货币的用户所使用的终端设备之间的交互提供认证，以及对中央银行数字货币系统和商业银行数字货币系统之间的交互提供认证。

央行 2020 年 1 月 10 日在其官方微信公众号披露，2019 年央行在坚持双层运营、M0 替代、可控匿名的前提下，基本完成法定数字货币顶层设计、标准制定、功能研发、联调测试等工作。

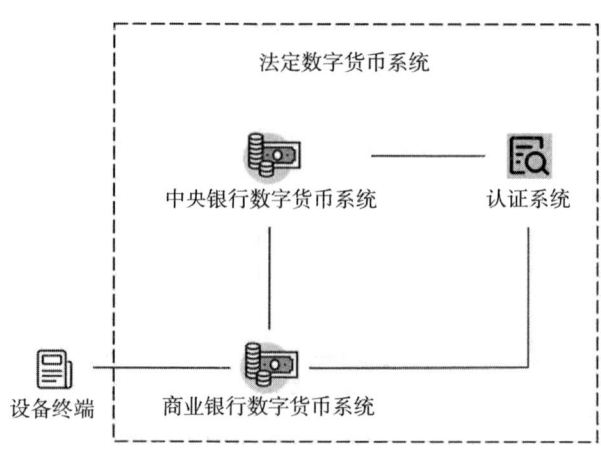

图 2　央行法定数字货币系统

资料来源：零壹智库。

（1）发行

法定数字货币的发行过程涉及央行数字货币系统和商业银行数字货币系统，发行过程主要有三个关键步骤：

①央行数字货币系统接收申请方（即商业银行数字货币系统）发送的数字货币发行请求；

②央行数字货币系统对数字货币发行请求进行业务核查,在核查通过的情况下,向中央银行会计核算数据集中系统(ACS系统)发送扣减存款准备金的请求,该系统扣减该商业银行存款准备金并等额增加数字货币发行基金;

③在接收到会计核算数据集中系统发送的扣款成功应答的情况下,中央银行数字货币系统生产出所有者为该商业银行的法定数字货币并将数字货币发送至申请方。①

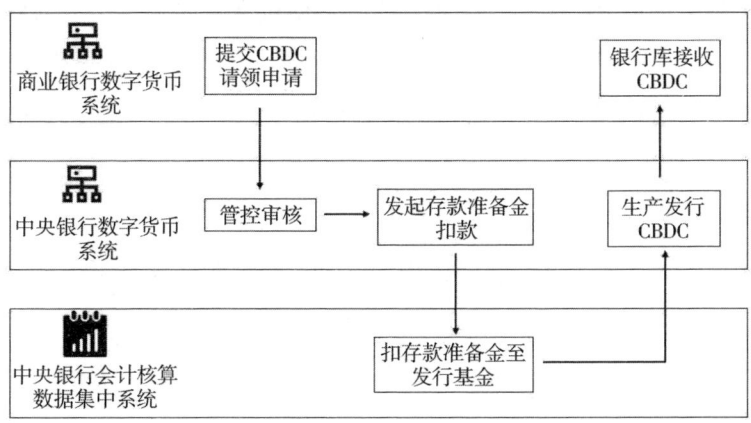

图3 中国法定数字货币发行系统

资料来源:零壹智库。

(2)流通

从数字货币研究所的专利设计详情来看,法定数字货币的流通方法既能满足实际货币流通的要求,也能提高数字货币流

---

① 姚前,狄刚,李红岗,等. 数字货币的发行方法和系统[P]. 北京: CN107392605A, 2017–11–24.

通的处理效率。

方法具体为：付款端依据付款金额和预定义的匹配策略从付款端的数字货币保管箱中选择数字货币字串，然后组成支付来源数字货币字串集，再将该支付来源数字货币字串集发送给管理端。数字货币字串具有：金额字段和所有者标识字段；付款端的数字货币保管箱中存放有一个或多个所有者标识为付款端的数字货币字串。管理端将支付来源数字货币字串集中的数字货币字串登记为作废状态，然后根据付款金额生成支付去向数字货币字串，以及将支付去向数字货币字串发送给收款端，支付去向数字货币字串的金额为付款金额，所有者标识为收款端。[①]

数字货币研究所也为法定数字货币设计了一种定向流通和使用的方法，通过设置用途规则，只有经过验证满足用途规则的数字货币转移才会发生。具体的实施步骤包括：数字货币系统保存预定义的用途规则；在收到来自付款方的数字货币和付款指令后，激活对用途规则的监控，将数字货币变更为所有者标识为付款指令指定的用款方的带有用途规则或受用途规则控制的数字货币，将该数字货币发送至用款方；系统在收到用款方发来的付款请求（包括付款用途和收款方信息）以及带有用途规则或受用途规则控制的数字货币后，确认付款用途满足相应规则，然后改变数字货币的所有者标识为新的收款方，新的

---

① 姚前，狄刚，李红岗，等．数字货币的流通方法和装置［P］．北京：CN107330692A，2017 - 12 - 07．

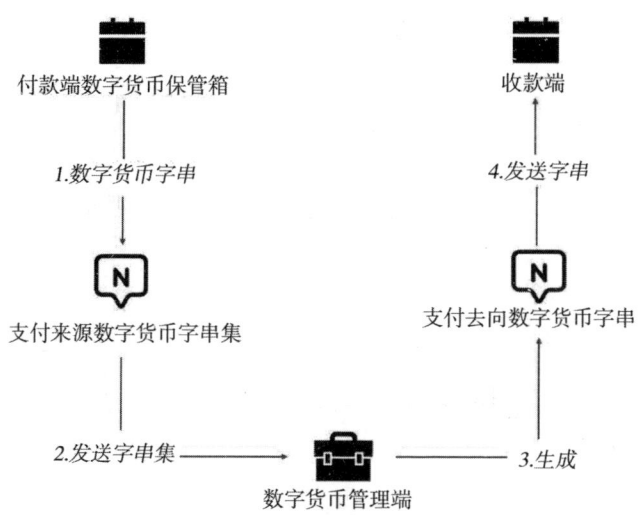

图 4　央行数字货币流通系统

资料来源：零壹智库。

收款方由收款方信息指定。最后将不带用途规则且不受用途规则控制的数字货币发送至收款方。①

（3）法定数字货币的管理

数字货币研究所的专利介绍了四种基于一定条件触发的管理方法和系统：基于经济状态条件②、基于贷款利率条件③、基

---

① 姚前, 蒋国庆, 彭枫, 孙浩. 数字货币定向使用的方法和装置[P]. 北京: CN107358523A, 2017-11-17.
② 姚前. 基于经济状态条件触发的数字货币管理方法和系统[P]. 北京: CN108629678A, 2018-10-09.
③ 姚前. 基于贷款利率条件触发的数字货币管理方法和系统[P]. 北京: CN108416671A, 2018-09-28.

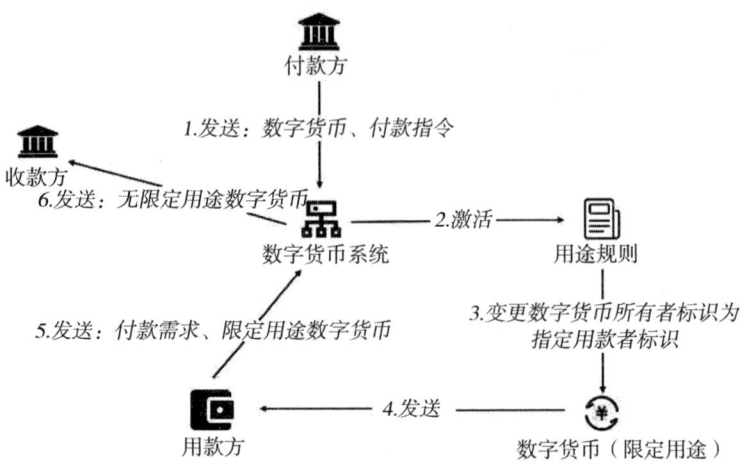

图 5　央行数字货币定向使用系统

资料来源：零壹智库。

于流向主体条件①和基于时点条件②。

基于经济状态条件触发的数字货币管理方法和系统，能够根据回收时点的经济信息逆周期调整金融机构对数字货币发行单位的资金归还利率，从而减少金融机构风险特征及其贷款行为的顺周期性，避免"流动性陷阱"，实现经济的逆周期调控。其具体实施方式包括：在回收数字货币时，获取回收时点的经济信息；当经济信息满足预设的经济状态条件时，基于经济信息调整数字货币的归还利率；依据调整后的归还利率回收数字

---

① 姚前．基于流向主体条件触发的数字货币管理方法和系统［P］．北京：CN108596754A，2018－09－28．
② 姚前．基于时点条件触发的数字货币管理方法和系统［P］．北京：CN108629688A，2018－10－09．

货币（见图6）。

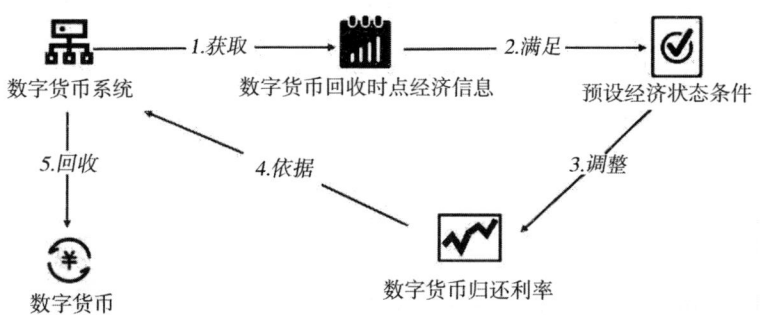

图6　基于经济状态条件触发的数字货币管理方法和系统
资料来源：零壹智库。

基于贷款利率条件触发的数字货币管理方法和系统，能够使基准利率实时有效地传导至贷款利率。其具体实施方式包括：向金融机构发行数字货币，并将数字货币的状态信息设置为未生效状态；接收金融机构发送的数字货币生效请求，获取生效请求对应的贷款利率；当贷款利率符合预设的贷款利率条件时，将数字货币的状态信息设置为生效状态（见图7）。

基于流向主体条件触发的数字货币管理方法和系统能够精准定性数字货币投放，实施结构性货币政策，减少货币空转，提高金融服务实体经济能力。其具体实施方式包括：向金融机构发行数字货币，并将数字货币的状态信息设置为未生效状态；接收金融机构发送的数字货币生效请求，获取生效请求对应的流向主体；当流向主体符合预设的流向主体条件时，将数字货币的状态信息设置为生效状态（见图8）。

基于时点条件触发的数字货币管理方法和系统能够有效解

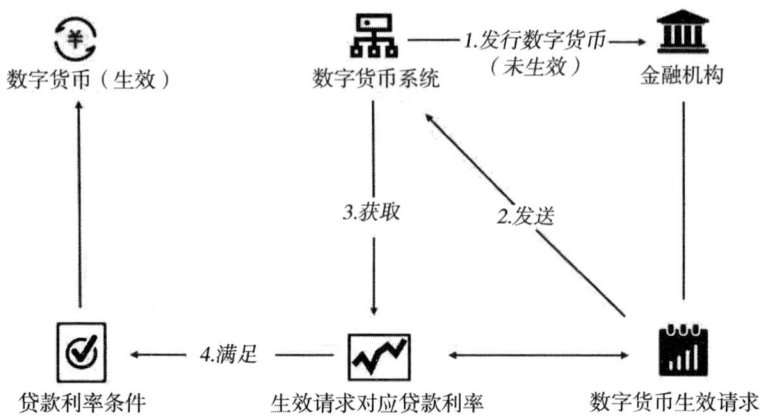

图7　基于贷款利率条件触发的数字货币管理方法和系统

资料来源：零壹智库。

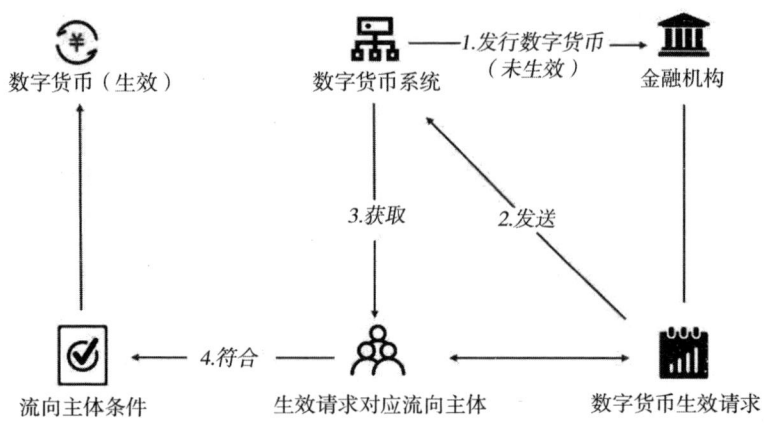

图8　基于流向主体条件触发的数字货币管理方法和系统

资料来源：零壹智库。

决现有货币政策操作的当下性问题，使货币生效的时点不局限于货币发行的当下，而是延展到未来符合政策目标的某一时点，避免货币空转，减少货币政策传导时滞。其具体实施方式包括：向金融机构发行数字货币，并将数字货币的状态信息设置为未生效状态；接收金融机构发送的数字货币生效请求，获取生效请求对应的时点信息；当时点信息满足预设的时点条件时，将数字货币的状态信息设置为生效状态（见图9）。

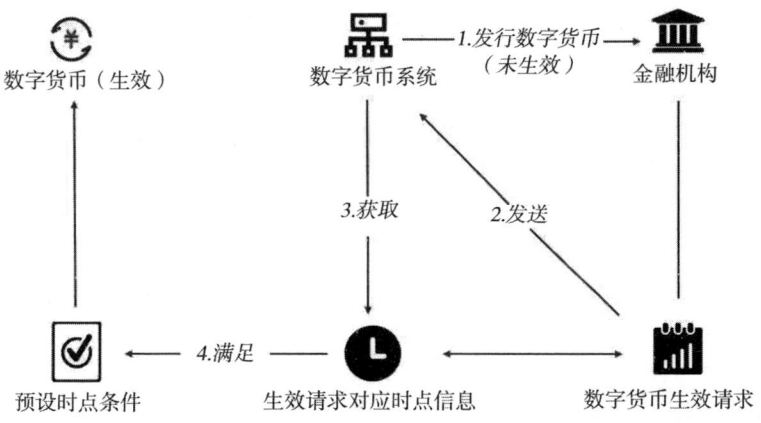

图9　基于时点条件触发的数字货币管理方法和系统

资料来源：零壹智库。

根据数字货币研究所的专利设计，数字货币的管理还包括对数字货币的追踪，其数字货币追踪方法和系统能够解决资金付款方跨主体、层层追踪资金流向问题，并且支持货币流向的定制追踪，在发起方管理范围内进行资金流向追踪，从而保护用户隐私。其具体实施方式包括：接收来源币所有者的追踪请求；根据追踪请求向交易过程中产生的去向币设置追踪，并保存去向币；在接收到来源币所有者的查询请求的情况下，向来源币所有者返回反映来源币后续交易过程的追踪链条（见图10）。

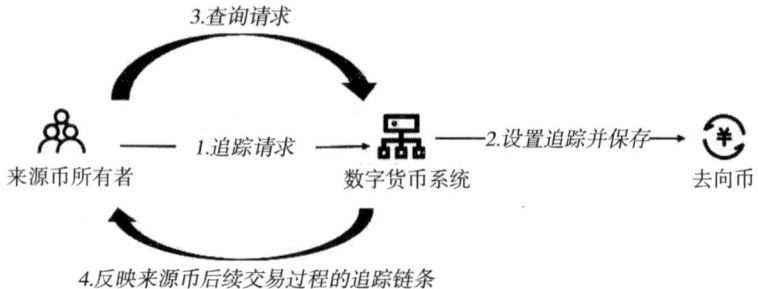

图10 数字货币的追踪系统

资料来源：零壹智库。

（4）法定数字货币的回笼

根据数字货币研究所的设计，其数字货币的回笼方法和系统可以优化升级法定货币发行流通体系，提高货币回笼的安全性、时效性，降低货币回笼中耗费的成本。

数字货币的回笼方法包括：接收申请方发送的数字货币回笼请求；数字货币回笼请求包括：待回笼的数字货币；对数字货币回笼请求进行业务核查，在核查通过的情况下，向会计核算数据集中系统发送增加存款准备金请求；在接收到会记核算数据集中系统发送的增加存款准备金成功应答的情况下，将数字货币回笼应答发送至申请方（见图11）。①

（5）法定数字货币用于投融资

法定数字货币是否可以用于投融资？数字货币研究所的专

---

① 姚前，狄刚，李红岗，等．数字货币的流通方法和装置［P］．北京：CN10734172A，2017－11－10．

第八章 中国法定数字货币

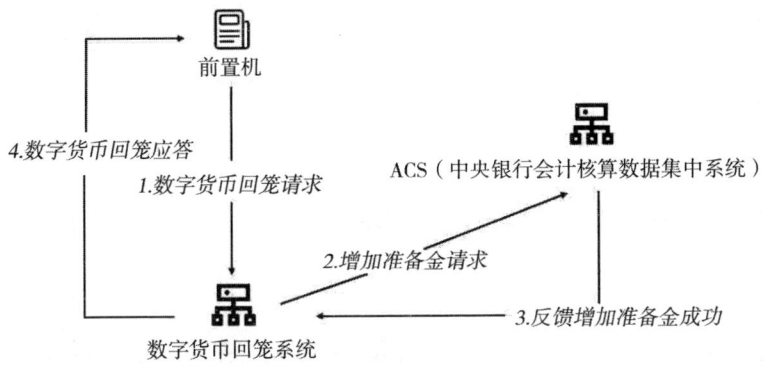

图 11 数字货币的回笼方法和系统

资料来源：零壹智库。

利给出了一种将数字货币用于投融资的方法，实现利用数字货币为平台提供投融资资金划拨的支付结算途径。具体方法包括：投资人钱包应用装置接收智能合约；投资人钱包应用装置在接收到投资人提供的包含投资金额的确认指令后，向智能合约中添加投资确认信息，该信息包括投资金额、投资人数字签名和投资人个人信息；投资平台对智能合约内的投资确认信息验证通过后，标记智能合约生效。投资人钱包应用装置根据已生效的智能合约，向筹资人银行钱包账户支付数字货币（见图12）。①

---

① 姚前, 蒋国庆, 彭枫, 孙浩. 一种基于数字货币的投资筹资的交易方法、系统和装置[P]. 北京：CN107330789A, 2017 - 11 - 07.

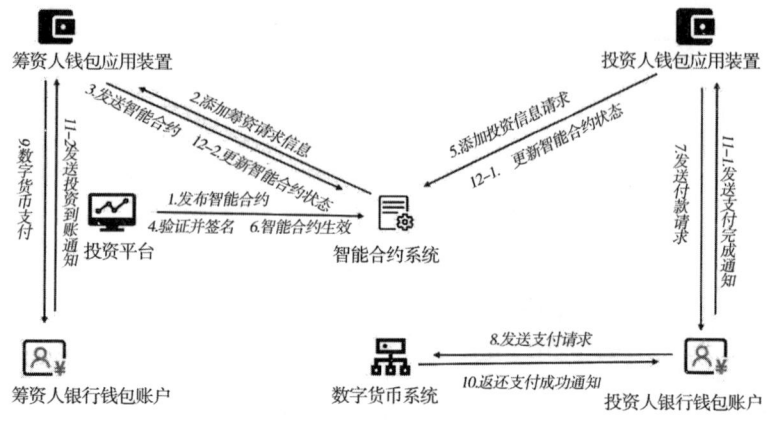

图 12　数字货币投融资系统原理

资料来源：零壹智库。

（6）法定数字货币用于银行间清结算

银行间的货币清结算十分重要，数字货币研究所提供了一种银行间数字货币的结算方法和系统，将银行间传统结算方式与数字货币的结算方式进行融合，提高银行结算选择的灵活性。具体方法包括：发起银行系统将数字货币付款给接收银行的报文发送给数字货币系统；数字货币系统根据支付报文执行预设项目的操作，并将操作成功的结果返回给发起银行系统和清算银行系统，以及将清算报文发送给清算银行系统；清算银行系统在接收到操作成功的结果后，根据接收到的清算报文，在清算报文中的接收银行在该清算银行的同业账户存款余额中增加与接收到的数字货币金额相等的额度，以及将表征清算成功的结果发送给接收银行系统和数字货币系统；数字货币系统将接收到的表征清算成功的结果返回给发起银行系统（见图13）。

第八章 中国法定数字货币

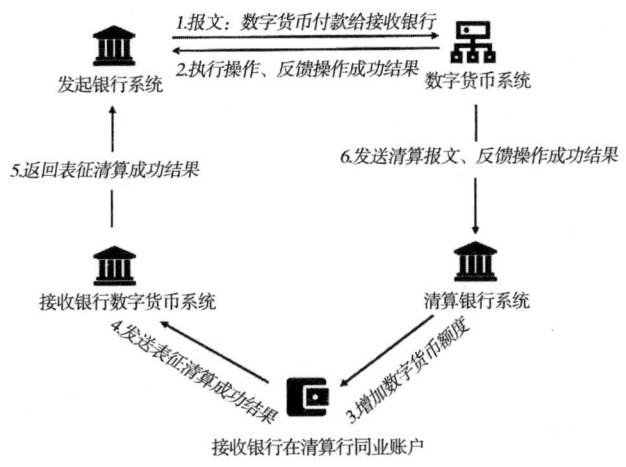

图 13　数字货币用于银行间清结算

资料来源：零壹智库。

第五节　中国法定数字货币的应用场景

中国央行法定数字货币的设计主要是为了替代流通中的现金，本质上是要追求零售支付系统的方便性、快捷性和低成本。因而中国法定数字货币主要适用于小额零售高频的业务场景。在这类业务场景的应用，能避免对银行存款产生挤出效应，避免套利和压力环境下的顺周期效应。① 进入 2020 年，法定数字货币的落地应用试点已经走出央行系统，进入交通、教育、医疗等领域。从具体的应用场景来看，数字票据平台是中国法定数字货币的首个试验场，而跨境支付等场景则被视为未来法定数字货币可以发挥巨大潜力的所在。

1. 数字票据平台——法定数字货币首个试验场

2016 年 7 月，央行启动了基于区块链和数字货币的数字票据交易平台原型研发工作，数字票据成为法定数字货币的首个试点应用场景；该平台于 2017 年 1 月测试成功，参与试点的商业银行，除了前述银行之外，还包括中国银行、浦发银行、微众银行、杭州银行等。②

2018 年 1 月，数字票据交易平台实验性生产系统成功上线试运行，工商银行、中国银行、浦发银行和杭州银行在数字票据交易平台实验性生产系统顺利完成基于区块链技术的数字票据签发、承兑、贴现和转贴现业务。③

票据市场是我国货币市场的重要组成部分，其承担的主要功能有两个：一个是作为中小企业融资的重要渠道，另一个是作为央行进行金融市场宏观调控的货币政策工具的一种。目前

---

① 姚翔. 央行数字货币落地"倒计时"[J]. 金融博览（财富），2019（11）.
② 张宇哲. 央行数字票据交易平台原型系统测试成功[EB/OL]. 财新网，2017 - 01 - 25.
③ 张末冬. 上海票据交易所数字票据交易平台实验性生产系统成功上线试运行[N]. 金融时报，2018 - 02 - 02.

市场上普遍使用的纸质票据和电子票据，前者存在一票两押、伪造清单和瑕疵票据的套现等问题；后者虽然在便捷性上有所提升，但仍存在中心化总分重复记账、流通局限性、安全监管等一系列问题。① 相比之下，基于区块链和数字货币的数字票据则体现出更多优势。引入数字货币进行结算，可实现数字票据交易的资金流和信息流同步转移，从而实现 DVP（券款对付）票款对付结算；同时通过区块链数字身份方案解决了不同金融机构间对用户重复 KYC 认证的问题等。②

2. 跨境支付——有望重建全球跨境支付体系

现有的全球跨境支付体系主要是以 SWIFT 和 CHIPS 为核心两大系统。由于主导权是以美国为代表的发达国家，因而在整个体系运转中，发展中国家难有话语权，表现出高度中心化的特点。同时，现有的跨境支付服务，存在不透明、费用高、耗时长等问题，跨境支付效率亟须提升。

2009 年以来，以比特币为代表的数字货币，在跨境支付领域中表现活跃，同时也让人们看到了借由加密数字货币改变跨境支付体系的可能。不过，以比特币为代表的加密数字货币，由于大多数是私人数字货币，具有去中心化特征，监管主体难以确定，长期处在法律监管之外，给反洗钱/反恐融资、消费者

---

① 王健辉，叶盛，等. 中国法定数字货币（DCEP）研究报告[R]. 2019-10-31.
② 张宇哲. 央行数字票据交易平台原型系统测试成功[EB/OL]. 财新网，2017-01-25.

保护、税收和资本管制等监管活动带来巨大挑战。

法定数字货币则被视为重建全球跨境支付体系的更优选择。由于法定数字货币是由央行发行并统一监管，在监管归属方面明确对可能出现的金融违法行为也能很好地遏制。从技术层面看，其点对点的传输模式能够有效改善当前跨境支付耗时长、费用高的问题。在未来，搭建基于法定数字货币建设跨境支付网络，将有助于提升国家在全球跨境支付体系中的主动权。

BLUE BOOK OF
DIGITAL CURRENCY

第九章

数字货币的宏观影响

第九章　数字货币的宏观影响

相较于传统货币，数字货币具有发行主体多元、发行流通成本低廉、流通速度较快等比较优势。传统货币的发行权由国家掌握，以发行国的国家信用进行背书，再由中心机构（中央银行）集中发行。而数字货币的发行不追求权威性，发行主体是多元化的。在发行和流通成本上，数字货币的信任机制以非对称密码学为基础，使用者可以直接点对点进行可信任的价值交换，不需要通过中心机构，价值交换的摩擦成本基本为零。由于数字货币没有实物形态，也不会产生印刷、运输、损耗、销毁等费用。同时，数字货币非实物流通的特征，也使其流通变得更快。数字货币的出现将对全球货币经济体系以及中国货币经济体系产生一系列的影响。

第一节　数字货币对全球货币经济体系的影响

1. 数字货币将改变传统货币政策传导机制

在传统货币体系中，关于 LM 曲线①的分析是各国实施货币政策的理论基础。数字货币的出现将影响 LM 曲线，从而使货币政策传导机制发生变化。

第一，就央行数字货币而言，有利于实施零利率、负利率政策；就非央行数字货币尤其是去中心化数字货币而言，长期来看，数字货币的供应量不受人为控制，将促使零利率、负利率常态化。于是，以利率作为调节工具的传统货币政策"失灵"。在理论上甚至可以认为，因为货币需求和数字货币结合，作为利率函数的货币需求有可能将不复存在。

第二，数字货币可能避免"流动性陷阱"产生。相较于法定货币，去中心化数字货币和机构数字货币功能单一、种类繁

---

① 根据凯恩斯货币理论，货币市场均衡即 $m = L = L1(y) + L2(r) = ky - hr$，其中，m 是实际货币供给量，L 是货币需求量，L1 是货币的交易需求（由交易动机和谨慎动机引起），随收入增加而增加。L2 是货币的投机需求，随利率上升而减少。当 m 一定时，$m = ky - hr$ 可表示为满足货币市场的均衡条件下的收入 y 和利率 r 的关系，即 LM 曲线 $y = hr/k + m/k$ 或 $r = ky/h - m/h$。

多，难以与法定货币的"利率"挂钩，所以，这类数字货币对价格的需求弹性与传统货币差异非常大。而法定数字货币具有天然的透明性，也难以转换为"投机性"货币需求。

第三，数字货币最终将导致 IS – LM 模型失灵。1938 年，英国经济学家约翰·希克斯（John R. Hicks）基于凯恩斯经济学，提出了 IS – LL 模型，将货币经济和实体经济连接在一起。1949 年，美国经济学家阿尔文·汉森（Alvin Hansen）将 IS – LL 模型改成 IS – LM 模型。IS – LM 模型是分析宏观经济政策的基础。其中，不论是 IS 曲线①，还是 LM 曲线，最终都受利率的制约。现在，不论是货币经济、实体经济，还是它们之间的关系都已经大为不同。而且过去的利率和投资之间，货币需求和货币供给之间的逻辑关系也已经被打乱。而数字货币对传统货币体系和宏观经济的渗透，将进一步加速 IS – LM 模型失灵。②

2. 数字货币将影响现行信用货币制度

随着信用货币制度的建立，国际货币体系出现了事实上的核心信用货币——美元。③ 2009 年，时任中国人民银行行长的

---

① IS 曲线代表产品市场的均衡情况。以两部门经济为例，在产品市场均衡的条件下，总需求等于总供给是指 $c+i=c+s$，其中 $y=c+s$，$c=\alpha+\beta y$，$i=e-dr$，则 $y=(\alpha+e-dr)/(1-\beta)$。这条曲线上任何一点都代表一定的利率和收入的组合，在这些组合下，投资和储蓄相等，即 $i=s$，产品市场是均衡的，因此这条曲线称为 IS 曲线。

② 朱嘉明. 数字货币已经成为理解现代经济不可排斥的一个因素[EB/OL]. 零壹财经网，2020 – 03 – 29.

③ 王华庆，李良松. 金本位、信用货币和数字货币[J]. 中国金融，2019（24）.

周小川在《关于国际货币体系的思考》一文中指出:"经济全球化既受益于一种被普遍接受的储备货币,又为发行这种货币的制度缺陷所害。"随着金融危机的屡屡发生,现行的信用货币制度不断被人们所诟病。比特币出现的初衷就是为了改善这一问题。但以比特币为代表的去中心化数字货币由于价格波动幅度较大,数量规模有限,客户群体相对较小,难以被广泛应用,对信用货币制度影响有限。而机构数字货币由公众信任的机构进行信用背书,具有规模化的用户基础,具有超主权的特征,一旦获得监管许可,将影响现行信用货币制度。

首先,在信用货币制度下,一国的法定货币通常由国家信用背书。但在一些经济落后、制度混乱的国家,国家信用缺失,传统货币制度处于崩溃边缘。在这些国家,国民很可能接受机构数字货币,导致该国的主权货币局部被机构数字货币代替。

此外,以马绍尔群岛为例,这类国家多以美元作为法定货币,国内经济发展严重受制于美元。为摆脱美国政府的控制,这些国家一旦使用数字货币代替美元作为法定货币,将在一定程度上冲击美元在国际货币体系中的地位。

其次,跨境支付是当前数字货币的主要应用场景,但各国在跨境支付过程中严重依赖美元。而在去中心化跨境支付系统中,数字货币作为"交易媒介"在系统中流转,交易双方无须进行美元储备,这从一定程度上降低了各国对美元的依赖。

但是,部分数字货币(比如 Libra)是否会以美元数字化的方式强化美元霸权,也引起了广泛的关注和担忧。

3. 数字货币将影响全球资本流动

对于经济落后、制度混乱的国家,数字货币在冲击本国的信用货币制度的同时,可能进一步造成本国资本外流。随着民众对货币制度和政治局势的稳定失去信心,可能不再持有主权货币,而是将主权货币兑换成外币或 Libra 等数字货币,从而导致资本外流。进一步地讲,由于法定数字货币被认为是易受政府控制的,相较于现金,央行数字货币更容易造成资本外流。[①]

此外,数字货币在跨境业务方面具有得天独厚的优势。但是,数字货币在提高跨境支付效率、降低跨境支付成本的同时,也容易造成资本外逃,影响资本流动。在跨境支付结算时,数字货币作为"交易媒介"可以实现与法定货币的双向兑换。用户可以用法定货币购买数字货币,然后再将数字货币兑换成法定货币。但由于很多数字货币存在不同程度的去中心化,流通过程中不经过传统的银行体系,很可能变成不法分子逃避外汇管制的一种手段,从而影响国际资本的流动。

4. 数字货币可以增强汇率政策的调控效果

首先,当一国货币成为全球初级产品定价货币、国际结算货币和储备货币后,由于多国的货币以该国货币为参考,导致

---

① 姚前. 法定数字货币的经济效应分析——理论与实证[J]. 国际金融研究,2019(01).

该国对经济失衡的汇率调整通常是无效的。[①] 部分数字货币具备超主权货币特征，能在一定程度上增强汇率政策的调控效果。随着一国的主权货币不再作为全球贸易的尺度和参照标准，该国的汇率政策对于经济失衡的调节效果会大大增强。

其次，一些国家将汇率作为其实现政治目的的手段。特别是承担国际结算、国际储备功能的货币，其发行国利用货币发行权和汇率的主导权，操控汇率变动，控制全球资源价格，实现对其他国家的经济控制。[②] 一些具备超主权货币特征的数字货币天然具备国际货币的特征，能够避免汇率波动对于经济的影响。

5. 数字货币可能改变经济危机常态化的现状

面对经济危机常态化，数字货币可能成为实现长期经济复苏的一个选择。数字货币的出现，使传统的投资方式、产业结构、就业模式以及经济组织发生了改变。第一，数字货币改变了资本形态、资本地位和资本主体。集中体现为利息对资本、资本对投资模式的全方位变革，最终会导致投资方式的改变。第二，数字货币使产业结构发生了变化。数字经济、信息经济和观念经济等非实体经济发展起来。第三，数字货币丰富了就业模式。自我就业、合作经济和共享经济逐渐成为主流，丰富了传统的就业模式。第四，数字货币改变了经济组织，主要表

[①] 周小川．关于改革国际货币体系的思考[J]．理论参考，2009（10）．
[②] 中国人民银行宜宾市中心支行课题组．数字货币发展应用及货币体系变革探讨——基于区块链技术[J]．西南金融，2016（05）．

现为传统公司形态的逐渐衰落以及企业不断小型化、创业模式不断多元化。①

第二节 数字货币对中国宏观经济的影响

现阶段讨论数字货币对中国宏观经济的影响主要集中在DC/EP，即中国央行法定数字货币发行对中国宏观货币经济的影响方面。

1. DC/EP 发行对央行宏观调控机制的影响

DC/EP 的发行对央行货币发行及宏观调控的影响主要体现在以下五个方面：

（1）重构央行基础货币结构，影响货币乘数

基础货币一般指流通于银行体系之外被社会公众持有的现金与商业银行持有的存款准备金（包括法定存款准备金和超额准备金）。后随第三方支付产业的快速发展，第三方支付机构需缴存全额备付金，中国央行因此在基础货币中新增"非金融机构存款"分项。至此，中国央行基础货币主要由货币发行（即

---

① 朱嘉明. 数字货币已经成为理解现代经济不可排斥的一个因素[EB/OL]. 零壹财经网, 2020-03-29.

流通中的现金 M0 与银行库存现金)、其他存款性公司存款（即存款准备金），以及非金融机构存款三项构成。

DC/EP 的发行将会改变我国央行基础货币结构。DC/EP 自身的定位是部分替代 M0，落地后可充当现金使用，但其全新的字符串形态特征不同于以往任何形式的基础货币，所以 DC/EP 的出现必然会在一定程度上改变现有央行基础货币结构。尤其在大范围推广后，DC/EP 还有可能进一步对超额准备金和第三方机构备付金的规模产生影响。① DC/EP 的支付便捷性可能会使金融机构同业结算时选择传统电子支付的倾向性下降，增加 DC/EP 使用频率，使用记账形式的超额准备金减少；而其他金融机构也可能直接选择 DC/EP 开展支付结算，商业银行代为支付结算所囤积的超额准备金也会随之下降。如果出现这种现象，在基础货币不变的情况下，会使得可用于信贷投放的准备金扩大，导致货币乘数进一步扩大。但是央行如果对 DC/EP 付息，会使商业银行活期存款出现"脱媒"，进而使 DC/EP 存款的比例增加，货币乘数减小。货币乘数究竟会如何变化，取决于 DC/EP 最终实际落地的运营情况。

（2）降低货币发行成本，提升货币政策精确性

纸钞和硬币在印制、发行、贮藏等各环节成本相比数字货币来说非常高昂，同时还要求当局不断投入防伪技术研发升级。相较而言，DC/EP 在货币发行成本方面具有天然优势。作为新型货币，DC/EP 从发行开始就在线上进行，央行为 DC/EP 发行

---

① 周君芝. 央行数字货币对金融体系或有影响[R]. 广发证券，2019－12－22.

运营搭建的平台成本理论上是一次性投入,此后 DC/EP 的发行边际成本递减,甚至逐步趋近于零。商业银行也无须为现金运输和安全贮存不断投入,只需在线上进行传送和保持。在实际流通过程中,DC/EP 由于呈现数字化形态,货币的损耗成本和维护成本也几乎为零。而在密码学等信息技术的保障下,DC/EP 的防伪成本较传统现金也将大为降低。总之,DC/EP 的出现必定会使货币发行成本全面降低。

在"降本"的同时,DC/EP 的出现也有望为货币政策"增效"。作为央行宏观调控的重要手段之一,实施货币政策的核心是增加或减少货币供给量。但在传统货币条件下,由于央行无法准确把控货币在市场上的流向,故而以总量调控为主,难以进行有效的结构性调控,最终也可能导致货币政策的诸多不确定性,而对货币进行总量调控也容易造成货币超发等问题,出现通货膨胀,影响社会经济的正常发展。相比之下,DC/EP 通过"央行—商业银行"的双层运营体系,借助大数据、云计算和区块链等信息技术,可以有效捕捉货币流向,对每一笔资金的去向和交易信息进行实时监测和查询。如此,央行还可以依据 DC/EP 在市场上实际流通情况来对货币供应量进行调控,同时也可以依据 DC/EP 提供的立体、完整、真实和实时的数据信息,制定更精准、更及时有效的货币政策。

另外,根据当前既有信息,DC/EP 可能会加载智能合约,具备可编程性。央行可通过智能合约等数字化方案精准投放资金,保证货币政策的有效施行,也有利于精准扶贫、公益慈善等社会民生产业发展。央行已申请的专利中包含"四个前瞻条件触发"设计，可通过在 DC/EP 可扩展和可编程字段上加载特定功能，控制货币投放的主体、利率、事件以及事后清偿利率①，进一步提升央行对宏观经济的调控精准度。

（3）完善利率机制，提供负利率政策实施工具

零利率和负利率已经是当前各国政府和央行绕不开的话题。对中国而言，DC/EP 的出现为央行提供了新的政策工具，可以让央行的货币政策更好地在"负利率"下运行。早在 2017 年的博鳌亚洲论坛上，时任中国央行行长的周小川就表示，在经济处于通缩时，央行会动用货币政策工具箱中的负利率政策，但现实中负利率政策往往效果有限，这是因为相较于存银行，人们会选择持有现金。如果发行了数字货币，使流通中现金的数量大幅减少，人们的钱都在账户中。在这样的条件下，负利率就可以在刺激经济和消费方面发挥更大的作用。但负利率可否有效实施、是否有必要实施，主要取决于一国当前金融体系结构和所处的经济状况，而非 DC/EP。DC/EP 的发行只是在理论上为负利率政策实施提供了可选工具，拓宽了央行的货币政策边界。

除了有利于实施负利率政策外，DC/EP 如果计息，由于央行能够查询每笔 DC/EP 的实际持有者和流通情况，逻辑上可以

---

① 数字货币研究所专利：《基于流向主体条件触发的数字货币管理方法和系统》《基于贷款利率条件触发的数字货币管理方法和系统》《基于时点条件触发的数字货币管理方法和系统》《基于经济状态条件触发的数字货币管理方法和系统》。

针对不同目标群体实行差别化计息,进而完善央行的利率机制。

(4) 降低央行监管成本,向无现金社会过渡

中国第三方移动支付的发展降低了现金在日常生活中的使用频率,但纸币和硬币仍是我国法币的主要流通形态。除发行成本高昂之外,现金一旦脱离金融机构流入市场,央行及商业银行等金融机构就难以对现金实施有效管理,对其实际流向的监控存在死角,甚至无法得知现金是否仍然存在。由于在流通中无法追踪,现金成为诸如贩毒、洗钱、行贿、走私以及恐怖融资等非法交易行为的首选,对国家和公民的生命财产安全造成了巨大威胁。

相较于传统现金,DC/EP 在网络流通,在保持现金属性的基础上,既能满足个人隐私和匿名交易的需求,又为央行监管留下足够空间。DC/EP 的可控匿名和可追溯特性能大大加强央行等金融监管机构的监管能力,降低监管成本,使原本针对实物现金的盗窃、伪造等违法行为无法实施,也能防范现金被犯罪团伙和恐怖组织利用,有效打击洗钱、走私、逃税漏税等行为,提升经济交易活动的透明性。

(5) 强化央行的中心地位,推动人民币国际化

DC/EP 坚持"中央银行—商业银行"的运行体系,确立央行的中心化地位,对稳定强化"央行是国家唯一的货币发行机构"这一地位意义重大。[1]

---

[1] 陈志鹏. 我国央行数字货币的应用前景及问题探究[J]. 金融经济, 2019 (12).

数字货币尤其是 Libra 等机构数字货币的快速发展正在冲击现有金融体系和货币体系。该类数字货币可能会通过逐步渗透和分流部分取代主权货币的作用，进而削弱货币政策的有效性，威胁金融体系稳定。而 DC/EP 的发行将使货币流通交易的中间环节减少，金融资产转换速度提升，整个金融体系的利率水平得以降低，平滑利率期限结构，优化货币政策的传导机制。不过，这也使金融体系更易遭受外部性攻击。以货币政策目标为例，货币流通速度和金融资产转换速度的加快可能加剧经济增长和物价波动，这就要求央行积极构建和完善逆周期宏观审慎政策框架，降低市场波动对货币政策目标的负面影响。

此外，DC/EP 的发行也有利于推动我国人民币的国际化进程，促进贸易投资自由化、便利化，加速金融市场开放和人民币资本项目可兑换[①]，提升人民币在国际金融市场的影响力。

2. DC/EP 对第三方支付业务的影响

DC/EP 的使用场景主要在零售端，支付载体与既有的第三方支付功能类似，C 端用户的使用体验也与第三方支付趋同，但 DC/EP 相较第三方支付具有更高的支付便利性和安全性（由央行发行，是央行负债），并且支持双离线支付。在央行的运营

---

① 周莉萍，陈思，薛白. 央行数字货币对货币政策的影响[J]. 银行家，2019（10）.

推广下，DC/EP 或将对现有的第三方支付业务形成一定的挑战与冲击。

DC/EP 在央行层面保持技术中性，具体实现路径交由市场竞争优选完成。根据当前信息来看，除商业银行外，支付宝等第三方支付也正在参与 DC/EP 的承销发行工作。这种合作能够降低 DC/EP 对支付宝等支付功能的影响，但还是会对其业务模式形成冲击。从央行公布的专利信息来看，DC/EP 未来将可能整合包括银行卡支付、扫码支付、NFC（近距离无线通信）等散落在不同支付渠道的支付手段，提高支付的便利性。

如果 DC/EP 作为一种支付选择被整合到支付宝等第三方支付的支付体系中，对用户而言在使用过程中实际影响不会太大，但第三方支付机构可能会面临诸多挑战。首先，除支付服务外，第三方支付机构的另一类重要业务在于利用支付平台聚集的用户流量，为基金等理财资管产品的销售提供销售入口。如果 DC/EP 接入第三方支付平台后，受政策等因素影响无法接入理财资管产品的销售端口，则可能对第三方支付机构此类业务造成一定影响。

另外，当前第三方支付平台经常基于海量的用户群体和交易数据，撬动大数据风控和征信等相关业务，除平台内部使用外，也积极尝试对外技术输出，如芝麻信用分以支付宝与淘宝平台的个人交易数据为基础，对用户信用状况进行评分，而商业银行通过与芝麻信用合作，可以在获得用户授权后，以芝麻信用为参考标准，作为为用户提供后续服务的依据；腾讯等机构也有类似业务。若第三方支付机构将DC/EP整合到自身App中，在用户开始接受和大规模使用DC/EP的情况下，可能会对第三方支付机构的此类基于大数据的业务造成影响。为了实现可控匿名（即只有央行或居民自身在特定情况下可以获知交易信息），所有涉及DC/EP的用户交易数据都不会流向其他地方，第三方机构获取用户交易数据信息的能力可能会被削弱。

3. DC/EP对商业银行业务的影响

（1）对商业银行存款业务的影响

讨论DC/EP对商业银行的影响时，"挤出效应"和"金融脱媒"是绕不开的话题。

如果央行采用单层投放体系，即绕开商业银行，直接向用户发行DC/EP，某种程度上央行会成为商业银行的潜在竞争者。进一步地讲，央行如果为DC/EP账户支付利息，就会形成另类的银行存款，对现有商业银行存款的替代和"挤出"效应也将愈加明显。因为由央行背书的DC/EP相较银行存款，拥有无限法偿性，安全性和实用性更高，更易被公众接受。

所以在单层运营体系且向用户付息的情况下，公众一旦接受由国家信用背书的DC/EP，就会倾向于将原有的商业银行存款转移到央行，出现"存款搬家"的现象，进而严重影响商业银行的贷款投放功能，导致商业银行的社会融资成本升高，冲击实体经济的发展，加剧金融脱媒。

第九章 数字货币的宏观影响

为了避免这种情况的出现，DC/EP 采用了"中央银行—商业银行"的双层运营体系。这让商业银行能在其中发挥技术、运营经验等方面的优势，在节约社会资源的同时，不改变当前用户通过商业银行办理金融业务的习惯，避免金融脱媒，保证不会对现有的银行货币体系产生重大影响。

央行已明确采用双层运营体系，很大程度上避免了金融脱媒。此外，由于 DC/EP 是部分替代 M0，而非 M1/M2。为了刺激消费和加速流通，所以央行不会直接对用户支付利息。

央行不付息，商业银行在实际运营过程中是否会付息呢？这里就存在商业银行对 DC/EP 直接付息、名义不付息和实际不付息等可能性。

直接付息是指商业银行以类银行存款利率的方式对 DC/EP 支付利息。这样有利于 DC/EP 进行初期的运营推广，提升用户的使用热情，但同时也可能导致用户将原有的银行存款兑换为数字货币，对商业银行存款业务造成冲击。不过，由商业银行直接付息的 DC/EP 在某种程度上已经具备银行活期存款的特性，这与央行"部分替代 M0"的定位不符。所以，基本上可以肯定商业银行不会对 DC/EP 进行直接付息。

与直接付息完全对立的是实际不付息，即商业银行和中央银行一样，完全不对 DC/EP 进行任何形式的利息支付。实际不付息会使 DC/EP 对于商业银行存款的优势难以体现，对商业银行存款的挤出效应不会很明显。但在运营过程中，也可能由于实际不计息而导致 DC/EP 对用户缺乏足够的吸引力。

在这种情况下，商业银行可以名义上不付息，即参考支付宝、微信支付的早期做法，各商业银行可根据自身实际情况，对用户使用DC/EP的行为通过补贴、优惠等行为进行返利，逐渐培养用户的支付习惯，加速DC/EP的运营推广。

（2）对商业银行支付及清结算业务的影响

除此之外，虽然DC/EP主要应用于零售场景，但从已公开的专利信息来看，DC/EP也有可能在大额支付清算场景中发挥作用，这种情况会对商业银行现有的清结算体系造成冲击。

但同时，DC/EP也可能提供给商业银行一个在支付领域弯道超车的机遇。在移动支付的浪潮中，商业银行在支付赛道已经落后于支付宝、微信支付等所主导的第三方支付。这曾倒逼许多商业银行开展了诸多互联网金融的支付模式变革，但效果并不显著。

虽然我国第三方支付普及率已经非常高，但其实质上并未摆脱传统账户体系，仍涉及银行电子账户上资金间的转移。使用第三方支付时，在用户不能感知的背后实际上经历了"付款—转账—收款"的过程，中间离不开转款方银行账户及收款方账户之间的货币划拨，并存在不菲的通道成本及管理费用。DC/EP的出现将构建更加高效稳健的支付体系，为商业银行的发展带来新契机。DC/EP基于P2P支付模式，用户间的交易通过数字钱包直接进行，省去其他机构转账确认的过程，成本也会大幅降低。因而，DC/EP的推出相当于出现了一种不同于传统第三方支付的移动支付方式。商业银行完全可以凭借自身在DC/

EP 支付赛道上运营等方面的优势，以 DC/EP 为核心，配合分布式账本、智能合约、大数据等技术，重构支付结算体系，占据主动位置。

在跨境业务上，DC/EP 也会为商业银行提供新的解决方案。目前人民币跨境支付清算体系是以 CIPS 系统（人民币跨境支付系统，Cross-border Interbank Payment System，CIPS）为核心。该系统在简化支付路径、降低交易成本等方面取得了巨大进步，但目前在运行时间上也只能达到 5×24 小时 $+4$ 小时，且在跨境支付过程中存在巨大的时间成本和高昂的交易费用。

DC/EP 则摆脱了传统的银行账户体系的约束，有望实现实时交易、实时结算，大大缩短跨境交易时间，在费用方面因为简化了现有跨境支付过程中所涉及的众多机构和流程，也可能出现明显下降。

（3）对商业银行运营成本及监管影响

商业银行为了满足客户的现金业务需求，需承担大量的运营费用，包括安保费用（如安保体系、武装押运等）、保管费用（如现金贮藏成本）、运输费用以及 ATM 机日常维护等成本。仅就 ATM 机运维和现金贮存清分两项成本而言，商业银行每年支出超过 200 亿元。作为部分替代 M0、针对零售端场景的现金补充产物，DC/EP 的出现将会在极大程度上降低上述商业银行的运营成本。

DC/EP 推出之初，会在较长时间内出现现金和数字货币并存的局面。为了配合 DC/EP 的使用，同时兼顾现金流通需求，各商业银行需要对自身的业务系统进行重构升级，这部分将会是 DC/EP 为商业银行带来的主要成本支出。

另外，随着 DC/EP 的大规模推广使用，现金业务更多地从线下转移到线上，商业银行线下物理网点加速消失，大量柜台业务工作人员会逐渐被电子自助终端取代，进而加速商业银行的数字化时代的职能转型和业务变革。

但 DC/EP 和纸币在形态、存储、流通方式、支付渠道等方面都存在巨大差异，这就要求商业银行在实际运营过程中因地制宜地采取措施。另外，央行等监管部门必然会针对 DC/EP 制定一系列法律文件和监管政策，商业银行需要在充分理解政策意图的前提下进行正常的运营工作。

BLUE BOOK OF
DIGITAL
CURRENCY

第十章

数字货币未来预测和展望

第十章　数字货币未来预测和展望

数字货币已成为数字经济时代经济金融体系一个基础而关键的要素，无论是个人用户、企业机构抑或主权国家，都对数字货币展现出越来越强烈的需求。在个人层面，数字货币可匿名、不可追溯等特点，能满足用户对个人隐私和账户安全保护的需求。对企业机构而言，数字货币为企业经营活动带来更为便捷高效的支付、清结算服务，节省相应的商业成本。对主权国家而言，数字货币的发展关系到该国货币主权和货币政策实施，关系到国内金融体系的稳定。

进入2020年，在去中心化数字货币社群、商业机构和各国政府的共力之下，数字货币的发展在提速。三大类型主要的数字货币——去中心化数字货币、机构数字货币、法定数字货币将在相互作用中推动整个货币体系的变革，受到全球多国政府当局和监管部门的高度重视。本章我们将对三大类数字货币未来的发展做一个预测展望，以期更好地掌控行业发展先机。

第一节　去中心化数字货币的未来展望

去中心化数字货币是基于区块链网络、由算法产生的数字货币,没有明确发行主体,不具有法偿性,主要由各个项目社群自行管理,总体上游离于监管之外。从 2009 年比特币诞生以来,十余年的时间里,先后产生过数千种去中心化数字货币,代表性币种包括:比特币、以太坊、EOS、瑞波币等。

过去几年,以比特币为代表的去中心化加密数字货币在全球范围内引发了投资热潮,在几波币值涨跌周期中也被更多的投资者所知晓。但去中心化数字货币一直都无法在更大范围内实现支付交易功能,而是局限在线上社区中流通,更多地被利用作为投机获利和开展金融犯罪行为的工具。

1. 短期内去中心化数字货币影响力仍有限

短期来看,由于受到技术、机制和监管等因素限制,去中心化数字货币的影响力仍更多地集中在线上社区,具体来看,主要有以下三个方面原因:

(1) 技术水平尚不足以支撑实用性能

去中心化数字货币系统底层的区块链技术决定了其尚不适

合用于大范围的支付服务。从支撑去中心化数字货币发行和运营的两大关键技术——分布式账本技术和密码学来看，分布式账本技术主要是实现货币发行的去中心化，密码学算法解决数据的安全问题。

其中，分布式账本技术也限制了去中心化数字货币系统的可扩展性：每发生一笔交易，系统中的所有服务节点都要进行全量的计算以验证交易的可信度，随后进行全网广播以存储交易数据，这种运行方式不仅要耗费大量算力，而且效率低下。因此，在使用性能上，比特币等去中心化数字货币目前并不适合用在日常的支付流通环节。

不过，近年来已出现如闪电网络等技术，能进一步解决去中心化数字货币在支付活动中的延迟性和扩展性问题。随着性能的改善，加之数字货币交易领域的活跃引起了更多机构的关注，去中心化数字货币也逐渐被一些机构用于相关的支付交易场景，占据着一定的支付市场。

（2）运行机制导致的币值不稳定

从发展历史来看，去中心化数字货币的币值不稳定性突出，币值波动无规律可循，原因在于去中心化数字货币是纯线上产生的无实物价值挂钩的虚拟货币，其价格没有锚定相对稳定的资产，因而在投资分子的带动下，外加市场上多种不确定因素的影响，币值呈现较大的波动幅度。而要作为通用的支付工具，在线上社区以外乃至全球范围内流通，币值的稳定性是首要条件。

此外，由于去中心化数字货币的发行是基于计算机算法而非经济学原理，其发行总量和阶段性供应量无法根据市场供需进行调整，因而不能实现货币对金融市场的调节功能。同时，发行主体的缺乏使其游离于监管之外，没有相应的国家信用或实物资产支撑，其币值稳定性难以保证。一国的法定货币作为价值尺度功能的实现，在于有国家信用在背后作为支撑，而去中心化数字货币的运行更多是基于社区内的约定俗成和成员共识，因而其只能在特定的社区和圈层中使用。

（3）强调隐私保护而无法满足监管要求

去中心化数字货币一个突出的性能就是可以较好地实现对用户隐私的保护，通过区块链技术使相关交易难以追踪，所以洗钱、逃税、非法融资等金融犯罪也倾向于选择去中心化数字货币作为实现工具，给政府监管带来极大的挑战。

近年来，各国逐步加强了对去中心化数字货币的监管，目前来看，各个国家和地区监管呈现以下几个特点：

1）以美国为代表的国家，一方面鼓励区块链技术的发展，给货币交易市场足够的自由空间，同时沿用既有的监管规则对数字货币加以管控。

2）以日本为代表的国家，通过出台专门针对数字货币交易的成文法，对数字货币的法律含义进行了正面界定，对提供数字货币交易的服务商，要求其按规定完成相应的登记注册程序才能为本国居民提供服务。

3）中国香港特区政府计划采用"沙盒监管"的方式，在受控制的环境下允许数字货币的交易,以此探索未来的监管途径。

4)以中国为代表的国家,对数字货币的自由发行和交易采取极为严厉的限制政策。目前中国正在推进法定数字货币的研发工作,但对于非主权数字货币的发行和交易仍然保持高度警惕,现阶段禁止金融和支付机构从事与数字货币相关的业务。

可以看到,不同国家对数字货币采取的监管策略有所不同,从全球范围来看,去中心化数字货币依然有不小的生存发展空间,但合规是关键一环。未来,去中心化数字货币在监管的引导下将渐趋规范,但短期内影响范围还是集中于线上社群,对宏观经济金融体系冲击有限。①

2. 对全球货币金融体系的潜在影响巨大

虽然还受限于技术发展、机制和监管等因素,但随着监管引导和理性投资者入场,去中心化数字货币市场的发展也在更趋合规化和理性,从中长期看,其对经济金融体系的潜在影响仍不容忽视,以下两个因素值得关注:

(1)三大类主要数字货币中,去中心化数字货币借助区块链技术网络,真正实现了去中心化运行,在市场中展现出独有的活力和价值。客观上,已有越来越多的机构接受去中心化数字货币作为偿付工具,以比特币为例,包括微软、戴尔、星巴克、AT&T(美国电话电报公司)、汉堡王等跨国公司已经接受

---

① 刘相文,王晶涛,王宇博,李伟. 开启全面数字货币时代[EB/OL]. 中伦资讯,2019-12-04.

比特币支付。目前,全球共有 1.5 万家以上企业接受比特币支付,这些商家分布于北美、南美、欧洲、东南亚、日韩等较发达的国家和地区。①

(2)几种代表性的去中心化数字货币——比特币、以太坊、瑞波币等,已形成了较为成熟的运行体系,在与投资者的多番互动中,获得了一定的行业认可,普通民众对去中心化数字货币的认知也在不断提升。随着监管法规的完善,将逐渐形成更为合理的价值评估体系,去中心化数字货币的币值波动性应该能在更合理的范围内,类货币功能属性日益明显。

第二节 机构数字货币的未来展望

机构数字货币是指由传统商业机构(以金融机构为主)发行,多数基于区块链技术、价值锚定法定货币,并以企业内部场景使用为主的数字货币。机构数字货币的发行主体以商业机构、金融机构以及多家机构形成的联盟组织为主。一般情况下,机构数字货币主要服务于行业内部或企业内部的交易流通需求,尚未在更大范围内实现场景落地。

---

① 蒋鸥翔,张磊磊,刘德政.比特币、Libra、央行数字货币综述[J].金融科技时代,2020(02).

第十章 数字货币未来预测和展望

1. 机构数字货币的短期特征

从现阶段的发展来看，以 Libra、摩根币等为代表的机构数字货币具有以下特点：

（1）多锚定法币体系，成为法币的衍生品

目前市面上主要的机构数字货币，多与法币锚定以保证其币值的稳定性，也因此，此类货币成了所锚定法币的衍生品，其发展和在全球范围流通会增强对应法币在全球货币体系中的地位。

表1 几类主要的机构数字货币

名称	发行主体	稳定机制
JPM Coin	摩根大通	1∶1 抵押美元
Libra	Libra 协会	锚定一揽子法币（50%美元，18%欧元，14%日元，11%英镑，7%新加坡元）
USC	瑞银集团、德意志银行等金融机构	与美元、日元、欧元、英镑和加元等法币1∶1兑换

资料来源：公开资料整理，零壹智库。

表1中的机构数字货币，基本上都是与法币1∶1等价兑换，而在2019年最受关注的Libra，其计划挂钩以美元为主的一揽子法币中，美元也是占据了最大的比例。如此一来，在现有世界货币体系中处于强势地位的美元，其世界货币的优势在机构数字货币领域也得到延伸，并极有可能伴随着机构数字货币在全球货币体系中的流通使用而得到进一步强化。

（2）应用场景有限，主要用于跨境业务与企业内部

目前，机构数字货币的应用场景有限，主要应用于跨境业务与企业内部场景。如摩根大通发行的摩根币是为企业间的资金流动而设计，在推行早期，摩根币用在大型企业客户的跨境支付、证券交易等方面。而以 Libra 为代表的机构数字货币，综合了去中心化数字货币的优势和法定数字货币的特点，成为机构数字货币新阶段的代表，相较于摩根币等机构数字货币，Libra 已经开始从有限的适用范围走向全球流通的远大目标。

不过，目前 Libra 的发行尚存在诸多未知数，其发行时间点和本身的机制设置都可能在各国监管尤其是美国监管的压力下而改变，所以机构数字货币要突破在有限范围内的流通应用，尚需要一定的时间。

（3）在隐私保护、监管合规等方面尚不成熟

机构数字货币具有加密数字资产的特征，同时也有传统金融的属性，其多元金融属性对监管提出了更大的挑战。目前来看，机构数字货币要实现大规模商业应用还有一定距离，需要克服监管合规、隐私保护等问题。

目前机构数字货币的发行主体多为民营机构，虽然币值锚定相应的法币，但发行主体本身的信用问题无法得到确切保障，考虑到民营机构更受制于市场利益驱动，因而机构数字货币本身具有极大的合规风险。另外，如 Libra 这类机构数字货币，虽然强调了会重视用户隐私保护，但同样的，由民营机构组成的协会,并不能可信地保证其在数据隐私方面的高度自律,这也是目前各国监管对 Libra 存有诸多怀疑中的关键一点。

基于以上三点考虑,从短期来看,机构数字货币对宏观经济的影响可能相对有限。但从长期来看,可能出现非常多元化的机构数字货币形态,由多种底层资产支撑,形成非常丰富的资产生态,甚至可能最终形成货币互联网。

2. 对支付体系、金融稳定和货币政策的影响

机构数字货币对全球经济形成冲击与影响具体体现在支付体系、金融稳定和货币政策三个方面。

(1) 改变全球跨境支付格局

以 Libra 为代表的机构数字货币如果得以落地,凭借其本身高效便捷、支付成本低并具有币值稳定性等特点,将对现有的以美元为流通货币的世界支付体系造成冲击,直接威胁美元世界货币的地位,虽然其大规模流通在一定程度上也会强化美元在全球的领导地位,但整个货币体系必然会出现一番不小的调整,同时也会挤占其他主权国家数字货币在全球范围的流通空间,削弱多个国家的货币主权。

(2) 影响金融系统稳定性

机构数字货币在全球范围的自由流通,将加剧各主权国家国内资产价格波动,影响该国的金融稳定。由于目前尚没有统一的监管法规,因此稳定币在抵押管理、兑换机制等方面没有法律保障,容易给各国金融体系带来流动性风险、信用风险、

市场风险以及操作风险等各种独立或者组合的风险。①

(3) 冲击各国货币主权

机构数字货币如果在全球广泛使用,容易对经济不稳定和高通胀国家的货币形成替代,削弱该国货币主权。基于币值稳定、流动性更强、费用更低等特点,机构数字货币更易受到各国居民和机构的欢迎,人们愿意更多地持有机构数字货币,如此一来,将强化与机构数字货币挂钩的法币在全球货币体系中的地位,同时弱化其他国家的货币主权。

第三节 法定数字货币的未来展望

目前来看,法定数字货币的重要性已在全球达成共识,法定数字货币被认为是处理金融普惠难题、提升支付系统效率等方面的潜在解决方案,不少主权国家正在加大研发力度。法定数字货币的发展路径,将首先对支付系统带来改变,逐渐发挥更多的功能,并进一步影响各国现有的经济金融生态。

主流观点认为,法定数字货币在未来必然是数字货币体系的主导币种,其他类型的数字货币,由于技术上的可行性和对

---

① 莱尔·布雷纳德,历鹏,何乐,译.数字货币、稳定币和未来挑战[J].中国金融,2020(04).

相关利益方的博弈，决定了其不可能被毁灭。未来，整个数字货币生态极有可能呈现出各国法定数字货币主导，其他以私人数字货币和机构数字货币为代表的数字货币共同流通的发展现状，与现有的法币系统形成补充，在动态调整中推动全球货币经济体系的改变，并将在普惠金融、跨境支付等方面取得重大突破，实现金融民主化、多样化发展。

1. CBDC（央行数字货币）研发进程提速，2020年大概率有国家正式推出

未来1到3年内，央行数字货币将在全球范围内提速发展，2020年或有不止一个国家能正式推出法定数字货币。2019年Libra白皮书的发布，被视为数字货币领域自比特币诞生以来最为重大的事件，也成了推动各国数字货币研发进程的主要动力。国际清算银行于2019年1月发布的一项调查显示，全球80%的央行在探索法定数字货币，其中提到，许多央行已从概念研究转至测试或试点，但对发行数字货币还较谨慎，仅极少数明确会在3到6年内正式推出。目前来看，已有中国、瑞典、德国、法国、泰国、新加坡、乌克兰等国家明确表示正在进行法定数字货币的研发工作。

表2 部分国家CBDC（央行数字货币）研发进展

国别	相关计划或行动
中国	2019年11月，中国央行副行长表示DC/EP已完成顶层设计、标准制定、功能研发、联调测试等工作，下一步将合理选择试点验证地区、场景和服务范围，稳妥推进其出台应用
法国	2019年12月，法国央行行长表示计划在2020年初开始试点CBDC
新加坡	2019年11月，新加坡金管局宣布"Ubin"项目正式开启第五阶段
瑞典	2020年2月，瑞典央行表示已开始启动电子克朗测试项目
泰国	2020年1月，泰国央行行长表示央行数字货币项目已取得良好进展
德国	2019年10月，德国财政部长表示将引入名为"e–euro"的央行数字货币
乌克兰	2020年2月，乌克兰央行表示正在继续研究发行自己的CBDC
突尼斯	2019年11月，突尼斯央行数字货币项目已进入测试阶段
巴哈马	2020年2月，巴哈马央行行长表示将于2020年下半年推出CBDC

资料来源：零壹智库。

对于各个主权国家而言，法定数字货币的推行将带来多方面的益处，包括：（1）带来更高效、更低成本的支付系统；（2）可以绕开银行账户体系，借助移动端实现支付功能；（3）增强货币政策的传导性；（4）应对私人数字货币带来的冲击。但不可否认其存在的风险，比如造成金融脱媒风险、挤兑风险等。

2. 前期主要应用在国内支付，落地推进仍然谨慎

法定数字货币作为法币的数字化形式，拥有法币所具备的交易媒介和价值尺度等功能，主要应用场景在于支付流通。考虑到数字货币的推广使用会对各国相应的货币金融体系乃至全球货币格局带来不小的冲击，因而在发展早期，各国货币的应

用以国内支付场景为主。

随着相关软硬件设施以及监管法规的完善，各国央行数字货币将进入全球流通阶段。但具体的流通机制或许会因为数字货币的特性而有所不同，可能是仿照各国原有法币系统以汇率实现兑换，也可能是借助机构数字货币作为中介实现流通。

此外，考虑到目前各国针对央行数字货币的相关政策、法规监管、体系运营等方面的问题尚未形成确定可靠的统一认知和解决方案，因而在法定数字货币的落地推行过程中，仍然保持谨慎态度。既要考虑到技术实施层面，相关的高并发、高拓展和安全等性能能否符合要求，也要考虑到法定数字货币的实施对各国金融体系带来的冲击以及可能引发的风险，要准备好相应的防范措施和疏导手段。

3. 将形成以法定数字货币为主的全新的数字货币体系

国际清算银行 2020 年 3 月发布的最新报告指出：代币化证券、法定数字货币、跨境支付、点对点创新等支付基础设施是未来的趋势。长期来看，各国法定数字货币必然会成为国际金融基础措施，其他形式的数字货币也会同时存在，各自的角色和作用也会随着数字货币体系的演变以及监管法规的完善而改变，但总体上，各国法定数字货币将更有可能实现更大规模的普及，成为数字货币体系的主导者。

具体来看，法定数字货币基于国家信用产生，是数字经济时代各国维护自己货币主权的重要手段，一经推出必然处于国家战略高度，其无限法偿性为其全民普及带来不可逆的推动力。同时，法定数字货币作为政府筹集资金、掌控资源、调控经济的基础手段之一，其实现的促进经济发展和维护金融稳定等功能是去中心化数字货币和机构数字货币难以具备的。

总体上，数字货币已成为数字经济体系一个基本组成要素，它正在与全球经济金融活动产生互动共融，数字货币的出现不仅使全球货币体系向多元化发展，数字货币本身发展也呈现出多元化特点，从去中心化数字货币到机构数字货币再到法定数字货币，不同类型的货币在数字经济时代，将沿着各自的发展路径，承担起各自的角色，为整个货币体系发展演变贡献自己的力量。

第十一章

数字货币市场发展建议

第十一章 数字货币市场发展建议

创新事物总是在争议声中不断发展,数字货币亦是如此。近十年数字货币的发展已经引起了全球各国政府、货币当局、金融机构、学术界以及产业界的高度关注,尤其是对数字货币的定位、发行、功能、监管等问题所引发的对现有货币金融体系的冲击与影响更是需要深刻讨论。

作为一种新兴事物,数字货币早期因涉嫌欺诈、洗钱等违法行为而被"污名化",这是产业发展早期缺乏监管制约与行业标准时肆意野蛮生长的结果。时至今日,随着越来越多的用户、机构和政府当局开始理解并参与到数字货币产业中,数字货币市场已经进入发展快车道。如何在市场高速发展过程中,保持正确的方向与路径,是用户端、产业端、学术界与监管方都需要考虑和参与解决的问题。

第一节　用户端：树立正确认知，避免投机盲从，提升风险防范意识

1. 正确理解区块链技术与数字货币的关系，提升认知与判断能力

数字货币与区块链概念大热，市场上经常出现以"区块链技术"为噱头的项目方或企业方，而实际进行非法代币发行集资、金融欺诈等违法行为，大量散户投资者因此蒙受巨大经济损失。所以，普通投资者与用户首先需要厘清区块链技术与数字货币之间的关系，提升认知水平和自我判断能力。

区块链是比特币的底层技术，数字货币也是如今区块链产业中的重要应用场景之一，但这并不意味着区块链只能服务数字货币，更不能简单地强行将区块链与数字货币绑定在一起。作为一种多学科组合型技术，区块链应用已经衍生到供应链金融、食品溯源、电子存证、数字资产交易等诸多领域。同时，数字货币的发行流通也并非必须依靠区块链技术，就如同对各国法定数字货币而言，区块链技术当前也只是备选技术之一，而非必选项。

第十一章 数字货币市场发展建议

除此之外，随着数字货币发展大势逐渐清晰，普通用户也应该加强对数字货币相关知识理论的学习研究，关注数字货币市场最新动态，理解数字货币在未来货币金融体系中的地位，以便提升自身的认知力与判断力。

2. 提升风险防范意识，避免投机与盲从

比特币等去中心化加密数字货币虽然由于缺乏真实资产的价值支撑，价格波动剧烈，无法用于日常支付场景，但交易市场投机情绪强烈，还是吸引了大批投资者参与相关投资。

中国大陆地区严禁数字货币交易服务平台及 ICO 等非法行为，但未明确禁止用户个人持有加密数字货币。不过，对普通用户而言，进行加密数字货币投资的风险远高于其他金融产品。在投资前，用户需提升风险防范意识，明确数字货币投资过程中存在的各类风险，减小投机心理，尽量避免因从众心理等导致的盲目投资。

第二节　产业端：加强技术创新，寻求合规路径，推动行业自律

1. 坚持服务实体经济，加速应用场景落地

数字货币研发的核心命题在于社会经济效益最大化。[①] 比特币、以太坊等去中心化数字货币在发展早期引发了诸如市场投机、炒作欺诈、洗钱、非法集资等乱象，严重威胁到投资者的生命财产安全，导致大量资金脱实向虚，带来了各类潜在风险，最终被监管强制叫停。金融需要服务实体经济才能体现价值，作为未来金融体系中不可或缺的一环，数字货币的发展也需要从服务实体经济出发，切实为实体经济企业解决生产经营中的痛点问题，而不是成为市场投机炒作的"作案工具"。

数字货币服务实体经济的关键在于寻找到合适的应用场景。理想的数字货币凭借自身所具备的公平性、匿名性、可传递性、可追踪性和不可伪造性等诸多优势，必将创造丰富的商业应用

[①] 陆岷峰，李蔚. 金融供给侧改革中商业银行的担当与实施路径[J]. 福建金融，2019（06）.

场景和业务模式①。产业端应发挥在行业一线奋战的资源优势，发掘数字货币的潜在应用场景并积极实践。在推进数字货币应用场景落地的过程中，坚持需求导向，坚持以用户为中心，加速数字经济时代发展。

2. 加强数字货币技术创新，防范技术风险

应用落地是数字货币发挥作用的关键，技术创新则是前提。

数字货币作为创新产物，高度依赖强大的技术能力支撑。当前数字货币的相关顶层设计和底层技术架构都存在诸多不成熟、不完善的地方，亟须产业参与方加强相关核心技术的创新与突破。在这个过程中，产业端要紧盯世界数字货币研究最新进展，集中力量攻克包括区块链、加密算法、电子芯片、量子计算等与数字货币相关的前沿技术，为数字货币产业发展提供强大技术支撑。同时，也要防范数字货币可能带来的各类技术风险，保护用户隐私与数据安全，做好技术突破与风险防范之间的平衡。

3. 加强行业自律，杜绝炒作诈骗

包括数字货币在内的金融科技发展变化日新月异，在监管部门相关法规和监管体系尚未完全建立之前，在数字货币领域内推行软法治理，即通过建立行业自律规则，弥补现有立法与监管空白，实施行业自律治理是可行选项。同时，产业端也可

---

① 姚前. 中国法定数字货币的构建思路，见：黄卓，王海明，沈艳，等. 金融科技的中国时代：数字金融12讲[M]. 北京：中国人民大学出版社，2017.7.

借助有影响力的个案司法判决结果,为整个行业发展提供规则与司法指引。如今日本加密数字货币产业的行业协会已经在行业自律与监管方面走在全球前沿。2018年4月17日,加密货币协会在日本金融厅(FSA)完成了注册登记,该协会由16家获得FSA批准的加密货币交易所组成,专注于建立加密货币交易所的自律规则,并将有权调查和制裁不遵守自我监管的加密货币交易所成员。

除加强行业自律外,企业也应该坚持合规经营理念,杜绝利用数字货币或区块链等概念进行炒作,诱导普通用户投资。

第三节 学术端:深入理论研究,提供政策建议,加强人才培养

1. 持续加强对数字货币相关研究,提供产业与政策建议

在数字货币产业应用快速发展中,技术应用与理论研究缺一不可。当前我国在先进技术的应用实践领域具有一定优势,但在数字货币及区块链相关的基础理论研究方面仍存在较大的进步空间。因此,为了匹配数字货币产业发展,金融机构、高校和研究机构等应持续加强对数字货币基础理论和相关技术理

论研究，关注产业前沿进展，论证数字货币业务可行性，为产业端提供创新理论支持，并为监管层提供相关政策建议。

2. 加强数字货币相关人才培养，形成产、学、研之间良性互动

产业的持续发展与进步需要源源不断的人才供给，数字货币亦是如此。数字货币产业需要大量金融、货币、经济、计算机、密码学等各类复合型人才。但现实情况是，当前不仅是我国，全球数字货币产业的顶尖人才供给市场都呈现出供不应求的局面。这就要求高校和相关研究机构要加强对数字货币相关人才的培养，为产业发展持续输送新鲜血液，并通过人才流动形成产、学、研之间的良性互动。

第四节 监管端：维持金融稳定，借鉴先进经验，寻求创新与监管的平衡

1. 维持金融稳定，加速数字货币基础设施建设

金融稳则经济活，金融稳则经济稳。未来数字货币的发展对当前货币金融体系产生了不确定性影响。在数字货币发展过

程中，我国监管部门将坚持维护金融稳定原则，按照市场规律循序渐进地推动数字货币发行、流通、管理，确保整个金融体系的安全稳定。

在这一基本原则的指导下，作为新型货币形态的数字货币在其生命周期各阶段都离不开数字货币相关的法律法规和监管体系等市场基础设施的建立与完善。监管部门需加强对数字货币进行法理学研究，并加快数字货币账户管理、支付结算管理、反洗钱管理、监督管理等一系列配套制度体系的建立。同时，积极运用大数据、云计算等新型信息技术对数字货币系统进行升级改造，适应数字货币的发展趋势。[1]

2. 加强国际合作，推动数字货币国际标准制定

数字货币，尤其是建立在区块链技术基础上的加密数字货币，具有匿名性、去中心化等特点，在降本增效、保护隐私的同时，也会带来数字货币跨境洗钱、跨境投机市场不稳定和安全防御难等问题。除此之外，数字货币因依托互联网，多具有无国界性和虚拟性，对数字货币相关争端的管辖权和管辖标准都不是单一国家法律法规能够解决的问题。面对这些跨境监管难题，一国一地的单独监管往往力有不逮，所以要求全球各国必须统一步伐，携手合作。

在解决数字货币跨境监管问题上，各国要在厘清数字货币

---

[1] 陆岷峰，汪祖刚. 数字货币：已经启程的金融大革命[J]. 企业研究，2019（04）.

风险及问题的基础上,确立监管原则,明确解决方案,形成有效的国际监管合作体系。各国应积极就当前亟须合作解决的主要问题达成共识,以数字货币二级市场为监管核心,以数字货币交易平台为监管纽带,建立信息数据库。并以此为基础,重视国际组织和国际论坛等以全球共同利益优先的国际合作形式的发展;缓解案件管辖权争夺现象;强调 ICO 监管领域的通知、公示及披露义务;以平台为税收代管人,明确税源及纳税人等内容,确定享有税收收益的国家以及征税依据;从物流监管角度入手辅助对违法犯罪交易的追踪和调查。国内监管和国际监管的有机结合,将促进形成良好的数字货币市场秩序,避免数字货币违法犯罪活动的扩张,防止对国际金融秩序的破坏,保护数字货币持有者和投资者的权益。①

在 2018 年 G20 峰会上,各国对数字货币带来的洗钱和税收问题进行了探讨,并初步形成监管的国际合作理念。随着越来越多的国际金融机构开始主导与数字货币相关的国际合作,我国应更加积极地参与其中,并努力推动国际监管合作标准的制定,掌握未来数字货币国际市场的话语权。

3. 寻求数字货币创新与监管之间的平衡状态

作为未来全球数字经济竞争中的核心要素,创新和监管始终是数字货币发展的两条主线。适度监管有利于数字货币产业

---

① 李智,黄琳芳. 数字货币监管的国际合作[J]. 电子科技大学学报(社科版),2020(01).

发展，但过于严苛的监管则可能会将数字货币相关创新扼杀。同样地，创新能为数字货币产业提速，但缺乏监管的创新则可能会带来各类潜在风险，影响金融稳定。

所以，各国监管部门需要在鼓励数字货币创新和加强数字货币监管之间寻求一个相对平衡的状态。一方面，监管机构应该积极鼓励和支持技术创新，包括实施数字技术和数字经济战略，对数字货币等数字技术研发的企业和人才予以扶持，在数字技术的关键领域掌握自主知识产权，在数字经济、数字金融的关键领域建立全球竞争优势；另一方面，监管机构加强市场监督力度，大力促进和规范相关制度创新，加快数字货币相关监管机制建设。

4. 建立"沙盒监管"试点，构建法定数字货币试验区

为加快全国科技创新中心和国家金融管理中心建设，北京市在全国率先启动金融科技创新监管试点，正探索构建中国版的"监管沙盒"。"监管沙盒"最早由英国提出，指金融监管部门为了促进地区金融创新和金融科技发展，让部分取得许可的金融机构或初创型企业，在特定范围和一定时间内测试新金融产品、模式和业务流程，在这一过程中，测试项目的准入门槛会被降低，监管限制也会被放松。一旦项目通过测试，即使未达到现行法律监管的要求，也可申请授权，将项目在更大的范围内进行推广。"沙盒监管"既可以防范金融风险，又可以实现金融创新。

第十一章　数字货币市场发展建议

对数字货币的监管在一定程度上可以借鉴"沙盒监管"模式，将数字货币视为监管主体，以保护消费者权益为出发点，以现实场景为基础进行模拟。① 在沙盒模拟过程中，监管部门能够发现数字货币存在的各类问题，并与产业端协商解决方案。建立"沙盒监管"试点，能够为监管当局制定全局监管策略提供缓冲期和经验积累空间，最终促进数字货币健康有序发展。

在央行法定数字货币正式全面推行前，为了更好地监测法定数字货币运营机制与市场反应，政府当局可以选择合适的地区作为数字货币试验区，率先进行法定数字货币尝试。中国已经在进行这方面的尝试：2019 年 8 月 18 日，中共中央、国务院印发《关于支持深圳建设中国特色社会主义先行示范区的意见》，指出支持在深圳开展数字货币研究与移动支付等创新应用，并将在推进人民币国际化方面先行先试，探索创新跨境金融监管。这意味着深圳有望成为数字货币落地应用的试验田。

---

① 戴文桥. 我国数字货币发展、应用与监管问题[J]. 合作经济与科技，2020（04）.

BLUE BOOK OF
DIGITAL CURRENCY

附 录

数字货币对宏观经济的影响与展望

附　录　数字货币对宏观经济的影响与展望

探讨数字货币对宏观经济影响的思路

（朱嘉明，数字资产研究院学术与技术委员会主席）

一、数字货币导致宏观经济的新组合

首先，因为数字货币和数字经济的产生和发展，导致货币经济和宏观经济结构发生变化。因为有了数字货币，货币体系发生了结构性变化，有了传统货币和数字货币的分类；因为有了数字经济，宏观经济同样发生了结构性变化，有了传统经济和数字经济的分类。于是，货币经济与宏观经济的组合与宏观经济之间形成了前所未有的新组合。

数字货币导致宏观经济的新组合，分为四个类型：一是数字货币与数字经济，二是数字货币与传统经济，三是传统货币与数字经济，四是传统货币与传统经济。

需要说明的是，我们在讨论数字货币在宏观经济中的作用和影响的时候，基本上还是维持着传统经济学理论中的"两分法"，或者说其实隐含"两分法"的思维来解释货币经济和宏观经济的关系。按照所谓的"两分法"，货币经济和实体经济是不同的经济范畴，唯有将两者分离，进而讨论货币经济和实体经济，以及两者之间的关系。

现在，不需要触及诸如究竟如何定义数字货币、数字货币组成、数字货币监管等富有争议的问题。但是，这并不妨碍我们强调这样一个思想：不管它的规模多么小，它目前的影响力多么微弱，只要数字货币成为既成事实，它对宏观经济产生的全面影响业已开始，并导致货币经济体系，甚至宏观经济结构发生"解构"和"建构"，从而最终形成前面所描述的新的组合模式。

这个过程非常像化学反应现象。按照通常的化学反应解释：当一个新的元素进来之后，它会侵蚀和影响整个体系，原本的分子破裂为原子，原子重新排列组合生成新物质的过程即是化学反应过程。数字货币导致了传统货币经济的"分裂"，或者说传统货币体系的"异化"，于是，传统宏观经济结构呈现不断改变的活跃状态，此货币体系和此宏观经济结构不再是彼货币体系和彼宏观经济结构。

所以，与2009年比特币诞生之前不同，现在我们讨论货币经济，已经不能排斥数字货币的作用。同样，讨论实体经济或者现实经济的时候，也不能忽略数字经济的存在。我们要把"化学意识""混合意识""交叉意识"加入理解数字经济和宏观经济之间的关系中。

二、数字货币改变货币经济体系

关于数字货币如何改变货币经济体系这个问题，我们强调以下几点：

第一，数字货币与传统货币的比较优势。（1）发行权的多元化。法定货币的发行基于它的权威性，数字货币并不追求权威性，因此它是多元的。（2）不可思议的低成本。当人人可以

附　录　数字货币对宏观经济的影响与展望

依据区块链技术创造数字货币时，它的成本当然是非常低的。（3）数字货币超越主权。（4）技术驱动。传统货币的演变是与人类文明和经济连在一起的，是一个历史模式，所以才有一个经典说法，称货币是社会关系的总和。而数字货币是科学技术综合发展的结果，是人类历史上唯一一种由科学技术创造和推动的货币。（5）数字货币的市值、种类和区域扩张的能力不可估量。（6）数字货币流通速度快。

第二，数字货币推动零利率、负利率时代的到来。因为数字货币的出现，未来资本不再稀缺，原来经典意义上的资本有可能走向消亡。政府的公共投资、公共消费和公共产品会大幅度增加。资本的消失是因为原来可以成为资本的货币资源成本趋于零，数字货币加入进来之后，供给理论上是无限大的。在理论上甚至可以认为，因为货币需求和数字货币的结合，利率的函数将不复存在。

第三，数字货币自然超越所谓的"流动性陷阱"。就民间数字货币而言，其功能相对于传统货币单纯，种类繁多，而且很难与传统货币的"利率"挂钩，所以几乎不存在任何单一数字货币或者数字货币的无限大需求弹性。就法定数字货币而言，与传统货币相比较，具有天然的透明性，难以转换为"投机性"货币需求。

第四，数字货币最终导致 IS 和 LM 模型失灵。在庞大的经济学体系中，各种模型数不胜数。但在传统经济学家眼中，IS 和 LM 模型无疑是最为深刻和实用的。1938 年，英国经济学家希克斯，基于凯恩斯经济学，提出了 IS–LL 模型，天才地将货币经济和实体经济连接在一起。1949 年，美国经济学家汉森将希克斯的 IS–LL 模型改成 IS–LM 模型。IS 讲的是储蓄和投资的关系，而 LM 讲的是货币偏好和货币供给的关系。不论是 IS，还是 LM，最终都受制于利率。如今，距离 1938 年过去了八十余年，距离 1949 年过去了七十余年，不论货币经济、实体经济，还是它们之间的关系，都已经大为不同。特别是过去的利率和投资之间、货币偏好和货币供给之间的逻辑关系已经完全被打乱。而数字货币对传统货币体系和宏观经济的渗透，加速了 IS 和 LM 模型的失灵。

三、数字货币全面侵蚀总需求—总供给模型（AD-AS）的基石

数字货币将全面侵蚀总需求与总供给的模型基石，主要体现在以下几个方面：庇古效应，凯恩斯革命，蒙代尔–弗莱明模型以及传统国际贸易模式。

第一，庇古效应。庇古因其对财富、福利、产业、就业，以及制度比较方面的理论和思想贡献，极大地丰富了宏观经济学理论。庇古对宏观经济学最有影响力的贡献是庇古效应，其所描述的是趋于低下的物价水平，有利于刺激经济增长，实现充分就业和创造财富效应。

现在，物价水平和消费、金融资产的相关性特征已经改变。即使进入低通货膨胀阶段，也未必发生庇古效应。物价水平现在对财富关系的敏感程度已经发生了严重的分离，股市波动和

物价水平之间没有直接的相关性，或者相关性越来越小。数字货币和数字经济加剧了这样的趋势。

第二，凯恩斯革命。在 20 世纪后半期，没有任何一个经济学家的影响力可以超过凯恩斯，甚至至今如此。代表凯恩斯经济学的《通论》出版于 1936 年，针对那时发生的大萧条，所以凯恩斯经济学曾经被称为"萧条经济学"。凯恩斯提出的"有效需求"理论，通过增加投资、扩大就业，极大地扩展了宏观经济学总需求理论。但是，进入数字经济和信息时代之后，投资与就业的相关性不断削弱。

第三，蒙代尔-弗莱明模型（Mundell-Fleming Model）。这个模型的核心思想是在资本完全流动的情况下，浮动汇率制度对各国宏观经济存在重大和有效影响。但是，人们看到的是国家和央行对汇率制度的干预正在普遍化，加之对资本自由流动限制的增加，宏观经济越来越受制于政府的影响。因为数字货币，例如比特币，具有天然超越主权的特征，不存在所谓汇率制度的限制。当然，法定数字货币特别是央行数字货币，似乎依然存在汇率框架的约束。无论如何，数字货币会对现存的汇率制度与机制发生深刻和持久的影响。

第四，传统国际贸易。在经济学通识文本中，关于总需求有一个公式：$AD = C + I + G + (X - M)$。其中以出口减去进口$(X - M)$体现的国际贸易是总需求的重要组成部分。至少因为互联网革命和信息时代到来，基于全球化的产业链和价值链的形成，服务贸易崛起，传统贸易正在被改变，因而影响了各国宏观经济格局。现在几乎可以清楚地预见到，数字货币和数字经济将会进一步改变国际贸易自身的结构，同时影响国际贸易在宏观经济中的位置。

总之，从世界范围内看，支持宏观经济的经济制度、宏观经济结构和机制，特别是政府影响和干预宏观经济的政策体系，都面临前所未有的新局面。当然，我们不能将这些变化仅仅归因于数字货币和数字经济的产生和发展，得出这样的结论显然为时过早。但是，数字货币和数字经济无疑让我们看到了一个潜在的新趋势。

四、数字货币对于经济复苏的另辟蹊径

最后，谈谈数字货币对于改变经济危机常态化，实现较为长期的经济复苏，可能是一个另辟蹊径的选择。因为数字货币的诞生导致以下的改变：（1）改变投资方式。主要是改变资本形态、资本地位、资本主体。集中体现为利息对资本、资本对投资模式的全方位变革。（2）改变产业结构。主要特征是非实体经济，包括数字经济、信息经济和观念经济的发展。（3）改变就业模式。自我就业、合作经济和共享经济会逐渐主流化。（4）改变经济组织。主要是传统公司形态会走向衰败，企业小型化、创业模式呈多元化发展。

总结以上的四个方面，我特别希望传递这样的思想和理念：数字货币已经成为人们理解现代经济——不论是宏观经济，还是微观经济——不可排斥的极为重要的因素，我们决不能低估数字货币对原来的货币理论、实体经济产生的现实意义和长远

影响。

对此，世界主流经济学家是估计不足的，并且影响了政府宏观经济政策体系。以货币政策为例，自2008年之后，宽松的货币政策对宏观经济的影响力走向微弱，再低的利率，甚至零利率和负利率，都对刺激经济乏力，货币政策开始失效。在2020年3月新冠肺炎疫情的世界性蔓延开始后，货币政策的失效更加显著。这是非常值得注意的历史性现象。

新冠肺炎疫情可能对数字货币发展的影响

（李晓，吉林大学经济学院院长，横琴智慧金融研究院院长）

我将新冠肺炎疫情冲击下世界经济形势作为数字货币研究的宏观背景做一些简要介绍。

描述现阶段疫情对世界经济的冲击，我觉得最恰当的说法莫过于"灰犀牛遇见黑天鹅"，这主要有三个层面的含义：

第一，在世界经济的宏观层面，在经济增速不断下降或者说在缓慢衰退的过程中突然遭遇到巨大的外部冲击。

第二，在世界经济的微观层面，也就是贸易和产业链在贸易保护主义浪潮中又遭遇到外生性的中断。需要注意的是，贸易保护主义不一定减少贸易量，主要影响应该是增加贸易成本或者出现更多的贸易转移，但此次疫情的出现却使大规模的全球性交易中断。

第三，在国际政治或者国际关系层面，全球化正处于分裂当中，即主要大国关于什么是全球化的共识破裂了，在这个过程中又遭遇到疫情的冲击，使得全球化市场出现了可能碎片化发展的风险。

疫情对世界经济造成的冲击大致有以下三个主要渠道：

第一，全球贸易需求萎缩。2020年3月底又出现了主要粮食出口国禁止粮食出口的消息，很可能引发全球粮食危机，还有全球订单的"退单潮"开始出现。疫情严重的国家几乎都是进口大国，欧美主要国家每年的货物进口额占到全球出口额的40%左右。2008年全球金融危机期间世界贸易额就下降了15%～16%，这次可能更为严重。

第二，全球产业链的停摆。产品即便生产出来也不得不放在仓库里，而且以散货贸易为主形成大量的退单。据世界银行统计，现在全球价值链贸易约占50%，所以这次疫情如果如此扩散下去，以中间产品为主的全球产业链将会受到巨大的冲击和影响。

第三，对资本流动产生影响。投资者市场预期开始发生变化，几乎所有的产品价格都在下跌，石油、大宗商品、黄金等价格也在大跌，而同时美元却在升值，人们只要流动性而不要价值，这是比较典型的危机特征，也一定会改变国际资本流动的方向和规模，而且将会发生许多短期的瞬间变化、波动，这一点值得我们密切关注。

此外，疫情将深刻地改变国际形势、国际关系和未来的国际格局，甚至会改变历史进程。倘若疫情对世界经济的影响随着时间推移日益严重的话，全球经济格局的巨大变化将具有划

附　录　数字货币对宏观经济的影响与展望

时代的意义，或许我们未来可以把世界经济发展分为"疫情前"和"疫情后"两个重大的历史阶段。

疫情发展及其可能对全球造成的冲击同样影响着数字货币的发展。总体来看，这场危机爆发后有两个影响需要重点考虑：

第一，疫情会导致世界性的社区、市镇、国家之间的相互隔离，使我们现有的生活状态发生极大改变。在这个过程中，数字货币以及相关的区块链、通证技术、云、AI 等或许会对我们的生活形成积极影响。这些情况对数字货币的发展也许是比较有利的。

第二，这场危机过后，国际关系、国际格局以及国际货币体系可能会面临一个重大的调整。尤其重要的是，2008 年以后美联储的政策"退出"用了 5 年左右的时间，这次超级量化宽松货币政策什么时候可以退出，会以什么样的形式退出？美联储的超级量化宽松货币政策对美元地位的影响是什么？这些问题在一定程度上都对数字货币发展的未来有影响，值得我们关注。还有一个问题需要考虑，即数字货币是否会成为大国博弈的重要筹码？这都需要我们高度关注这次危机过后国际格局的一些重大调整和变化。

总之，需要我们在对这些问题思考的基础上，探讨数字货币的未来发展及其对宏观经济的影响和作用。

数字货币与中央银行的金融治理

（王倩，吉林大学经济学院副院长）

我主要是从数字货币对中央银行的金融治理方面来切入数字货币这一命题，从货币历史的角度来说明数字货币必将会推动中央银行金融治理的变革，这种变革主要表现为央行面临的私人货币和法定货币的竞争会更为激烈，货币政策从数量型向价格型转换的速度会更快。同时在数字货币环境下或者在数字经济环境下，无论是宏观审慎监管，还是跨境金融治理，都更要求国际合作。

一、数字货币将推动中央银行金融治理变革

首先要解决的理论问题是，从货币史的角度说明为什么说数字货币一定会推动中央银行金融治理的变革？研究国际金融的读者应该知道，人类的货币制度分成金本位制度和信用货币制度。金本位制度从时间段上来讲，其对应的是古典的经济思想，这种古典的经济思想在金融治理上就表现为一种无为而治的思想。

在货币是黄金的时候，之所以能够有古典的经济思想，是因为在这样一种货币形式下，经济拥有自己独特的运行机制。比如物价黄金流动机制，黄金输出点和金平价等。正是因为在这样一种货币制度下，经济运行的机制会让经济自动地实现国际收支平衡和汇率的平衡。因此，市场机制能够发挥作用的时候，自然而然就会有古典经济学"开山鼻祖"亚当·斯密提出的"看不见的手"。

在亚当·斯密之后,我们在金融学说史上进入了一个新的阶段,那就是凯恩斯提出的"有形的手"(政府干预的手)。凯恩斯的思想,实际上是有一个制度前提的。凯恩斯在出版《就业、利息与货币通论》之前,在《货币改革论》和《货币论》的书中指出,英国恢复金本位制度,使黄金成为经济发展的镣铐,限制了经济的发展。

因此,人们提倡信用货币制度,而在纸币本位制度下才能够使国家可以通过信用货币的发行来实施逆周期的货币政策。换言之,现代意义上"看得见的手"的中央银行金融治理的逆周期的货币政策,它的制度前提必然是从货币史上要求纸币的信用货币制度取代金属货币制度开始的。正如纸币替代金币,推动了金融治理的变革。数字货币也会推动中央银行金融治理的变革。

二、中央银行面临的私人货币与法定货币的竞争

在当前的数字货币发展过程中,中央银行未来一定会面临着非常激烈的私人货币和法定货币的竞争。在1990年前读大学的读者,可能都用过在学校餐厅的票券,这实际上已经形成了一种内部货币。内部货币和外部货币的界定在金融学说史上,早就有了相关论述。

所以,从这个含义上来讲,私人的数字货币,也就是我们说的民间的数字货币,甚至包括第二个层次金融机构的数字货币,我们都可以称之为社区货币或者内部货币。当前私人数字

货币成为一个突出的问题，是因为数字化使得内部的私人货币的影响已经不再局限于一个相对狭小的社区了。由于网络具有无限性的特征，从而导致它的影响力迅速扩大。这种影响力的扩大就导致了银行面临着私人货币和法定货币在货币发行权上的相互争夺。

当前学术界对于私人数字货币的货币属性存在着很多争论。一些学者认为比特币是货币，但是一些学者则认为比特币不是货币，它是资产。当看到这个争论的时候，我会想到金融学中的两个等式。一个是交易方程式，一个是剑桥方程式。无论是哪种方程式，都是在研究货币的需求量，或者说研究的对象都是货币。两者的思路是不同的，一个认为货币是交易的媒介，另一个认为货币是资产。从这个角度来看，我们也就可以认为，当前人们对比特币是否是货币的争论，源于这两种不同的思考方式。但无论是哪一种思考方式，都不能够否认比特币发挥了货币的一些功能，所以从这个含义上，我认为比特币是某种程度上的货币。

近期比特币暴跌，人们提出比特币作为货币的价值是否还存在意义。可以说，无论是近期美国的比特币、黄金、国债暴跌，还是美元指数的高涨，其原因不是这个资产形式本身出现了问题，而是在当前疫情的冲击之下，美国的股市面临暴跌时产生了流动性的问题。因为美国在金融危机后提出了沃尔克规则，这一规则限制了商业银行向股市提供资金支持，所以股市暴跌的危险性就导致美国面临着流动性的问题。股灾下的流动性困境又进一步导致了投资者需要资金,就会抛售所有的风险资产并从全球调回资金,当投资者在全球调回资金的时候就会导致美元的上涨。

同理,比特币作为一种风险资产,在美国面临流动性困难的时候,自然而然也会遭到抛售。但是,这种抛售行为是一个短期现象——是由于外部冲击在沃尔克规则下导致的流动性问题。此后,美联储又出台了一系列针对不同层级的流动性支持政策,使流动性的困难在某种程度上得到缓解。因此,不能用比特币暴跌否认比特币的货币属性。

进一步来说,为什么中央银行会面临激烈的私人货币和法定货币的竞争?因为货币发行有巨大的铸币税收入,这种巨大的收入就会吸引私人部门加入货币发行的竞争之中。如果内部的私人货币规模比较小,对中央银行的冲击不大,可能会沉默。但是当私人货币快速发展,如中国已经进入一种无现金社会状况的时候,私人货币对央行的铸币税收入,甚至包括管理宏观经济造成巨大冲击以后,各个国家自然而然就会推动发行法定数字货币。

所以私人货币与法定货币其实是自由与垄断之间的博弈,当对于现有垄断的管理体系冲击不大的时候,私人数字货币可能是存在的,政府甚至是鼓励自由创新的。但是一旦其规模大到影响了国家的宏观经济管理的时候,必然会被法定数字货币挤出。因为,一个国家的央行能够管理本国的宏观经济,无论是作为银行的银行,还是政府的银行,它的前提必须是发行的银行，所以也就意味着各国的法定数字货币与私人数字货币之间的竞争会非常激烈。

此外，由于数字货币存在网络效应，同时数字经济存在着先手效应，也就是"不是大鱼吃小鱼，而是快鱼吃慢鱼"的效应，导致了各国法定数字货币的竞争也会趋于激烈。因此，我们可能面临着私人数字货币与法定数字货币并存的局面，正如自由意志与垄断并存。

三、货币政策从数量型向价格型转化

私人数字货币的快速发展挑战了中央银行的货币政策。一些学者曾经提出数字货币出现之后，央行的货币政策就会逐渐失效，至少传统的货币政策将会失效。一些激进的学者主张自由银行业思想，直接提出中央银行没必要存在，要追求货币的非国家化。但是，有些学者认为影响可能不大，有些学者认为有冲击，还有一些学者认为给货币政策带来新的机遇。比方说数字货币会突破"流动性陷阱"，因为法定数字货币给中央银行提供了新的货币政策手段，它可以更有效地管理整个数字经济的运行。

所以，从这个含义上来说，我个人认为未来还会存在货币政策，只不过由于私人数字货币使货币供应政策和口径失效，货币政策会从数量型向价格型转换，而且这个转换的速度会随着私人数字货币的快速发展而加快。

为什么我认为货币政策一定会存在呢？在疫情冲击导致的这种混乱状态下，各个国家开始采取更多的金融政策干预市场。

这就类似于当市场有效时,或者说市场更有利于资源配置时,市场这个"看不见的手"会发挥巨大的作用。但是一旦市场失灵的时候,政府的作用就会强化。在未来,政府作用强化的环境下,由中央银行体系加强宏观金融治理的力度也会得到加强。央行一定会采取相应的办法,加强货币政策。此外,数字货币发行会有一系列的经济利益存在,那么当各个社区之间的竞争呈现无序状态时,必然会让人们去追求一种有序状态,从这个意义上讲,中央银行统一管理的货币政策可能会存在。

四、宏观审慎与跨境治理的国际合作突显

在疫情的冲击之下,国际合作的环境实际上是恶化的,但是从一个最优解的角度来说,各国很难独善其身,因为疫情没有国界,病毒是看不到国界的,合作是必然选择。同理,数字货币实际上是数字经济中的一个基本媒介,而数字虚拟空间不像一个地理意义上的国界那样清楚。

此外,数字货币的系统性风险会更强。这种系统性风险甚至不仅仅局限于某一个社区、某一个国家,会由于信息流的快速传递而导致人们的羊群效应和共振效应更大。从 2020 年新冠肺炎疫情冲击下各国股市的联动性增加可以看出,在危机下各国的金融市场联动性在增加。因此,数字货币的发展需要各国加强宏观审慎监管的合作。

从这个含义上说,也就意味着如果数字经济发展的程度进一步加深,数字货币的发展会更加需要各国央行以合作的态度来治理全球金融问题。此外,我们前面强调了数字货币发行存在着铸币税收入，涉及一个国家管理宏观经济的能力，甚至涉及国际金融产品定价的权利。国与国之间的法定数字货币发行亦面临非常激烈的竞争。无论是英国，还是澳大利亚、加拿大、美国、中国、日本，都提出了法定数字货币项目和规划。当法定数字货币发行面临群雄争夺的局面时，它可能导致的混乱亦需要通过金融合作来加强国际金融的治理。

数字货币作用于经济生活的三个层次

（何平，中国人民大学教授）

一、两个基本判断

我主要从三个层面来表达对数字货币的一些想法：第一是民间数字货币，第二是机构数字货币，第三是央行数字货币。

我要强调两个基本判断。第一，数字货币对未来的宏观经济、人们的生活模式都会带来冲击，但是这三个层面的数字货币的关联是互补的。第二，如果是按照以前主权国家货币的定位和它所需要的制度规定性来看，只有央行发行的数字货币和原来的这些货币是在同一个层次上。央行数字货币是有可能替代传统货币形态的一种主权货币，但它的诞生是民间私人数字货币，民间私人数字货币是以比特币为中心。

二、三种数字货币对经济生活的影响

第一个是民间数字货币。几千年货币演进的历史实际上是自由和垄断的相互博弈，人类的理想方向是自由。单从几千年的历史来观察的话，自由面有多大，主要反映在社区货币的形

态上,它是社会对于这种交易行为自律机制的某种反映形式。这种数字货币的形态功能发挥得越充分,在民间数字货币的活跃程度越大,对人们经济生活的渗透就越大,但它不能代替主权货币。

例如中国古代的铜钱时代,特别是明代,各个地方的铜钱大小、形状、质地是完全不一样的,它在一定范围内形成了一个相对自律的机制,这些称得上数字货币时代在社区经济活跃的重要依据支撑。

第二个是机构数字货币。机构数字货币的核心是稳定性的问题,这种稳定性是在法定的经济活动之上的一种主权货币的符号化,如果限定到这个层次,我觉得有它的好处。因为有一些跨国活动通过经济活动重新组织的形态,使得原来经济的活动方式效率提高。但是如果要打破原来的关系货币和一些规定,超越了主权货币,那就有问题了。

第三个是国际货币的重构问题。关于数字货币对我们现在的冲击,应该说它逻辑上是技术催生的新思想,然后推出新政策。从传统货币的体系来看,除了实体货币以外,其他的国际货币体系的支撑条件关键在于制度的协调。比如在金融恐慌的时候,人们已经不要寄希望于未来的价值了,要美元。人们为什么要美元?归根结底还是制度支撑。因为美国在全球经济的支配力和对经济社会的干预能力,人们认为它还有能力收拾这次危机的残局,认为可能美国的力量还足够强大,很多墨守成规的人都有这样的判断。

三、支撑货币价值的重要条件

美元本身是没有价值的，但是人们认可有国际经济治理能力的美国特殊地位，而数字货币在形态上使得今后的国际经济模式可能更加重视制度的建设。我们举一个极端的例子，如果因为数字货币的原因出现大国博弈，我认为这种博弈结局的支配能力仍然是科技支撑的经济上的定价权，然后就是对世界政治走向的干预能力。两个基本的条件一个是经济上的，一个是军事和政治上的，这两点是维持一个货币的重要条件，而不仅仅是技术支撑的合约问题。

从数字货币的诞生来看，这三个层面都应该推进以改变经济的组合模式，并且给经济生活带来丰富性和多样性。例如，中小企业更活跃，从业的模式也完全不一样，现在也已经融入实体经济里面了。

四、疫情应对有助于理解数字货币

这次疫情期间，社会的组织模式对于理解数字货币是重要的。我们围绕自己不得病来防护，好像没有人来管我们，我们自己管自己，这种自律机制就是数字货币在社区层面上的作用。

但是有一个问题，如果这种自律超越了一定界限，换一种通俗的表达来说，如果你本身就携带病毒，然后想在街上乱跑，类似这样的群体一定会面临干预，所以我认为民间货币、机构货币组织与主权货币是有界限划分的，是一种互补的模式。不能因为主权数字货币、央行数字货币的推出，类似比特币层面上的问题就不复存在了，新的事物替代了传统的物质形态和交流方式，使得人们的生活更加丰富多彩。

数字化要素市场的十大特点

（孟岩，数字资产研究院副院长）

从长远来讲，数字货币对于宏观经济发展会产生影响，而且这个影响还是很根本的。

一、从"两部门模型"看要素市场的数字化

微观经济学有一个很基本的市场模型，基本上每一本经济学的入门书都会在前两章介绍这个模型，我管它叫两部门两市场模型。这个模型是假设没有政府的参与，社会经济由两个部门参与，一个是家庭部门，一个是厂商部门或者企业，两个部门在两个市场上分别进行交易。其中一个市场叫作产品市场，在这个市场里面，家庭部门支付货币，从厂商那边获得产品和服务，在这个市场里面家庭就是需求侧，市场是供给侧。

但是实际上同等重要甚至更为重要的还有另外一个市场，即要素市场，家庭部门在这个市场上提供生产要素，包括哪些生产要素呢？现在官方划分的是 7 类：劳动、土地、资本、知识、技术、管理以及数据。数据是 2019 年 10 月底在中共第十九届四中全会被增列的一个新的生产要素。我认为数据的加入以及数字货币、数字资产的发展，将会使要素市场发生剧烈的变化。

在要素市场上，它的整个供需角色正好是倒过来的，企业在要素市场里面使用货币或其他的有价票据来采购生产要素，家庭部门则是生产要素的提供者，即企业是需求侧，家庭是供给侧。企业为劳动支付的叫工资，为土地支付的叫地租，为知识、技术、管理支付的也叫工资，而企业家获得的要素收入是利润，为资本支付的叫利息。

但是现在还没有搞清楚，企业未来为数据来支付的东西是什么，支付的价格怎么计算。

虽然现在还没找到这个名词，但是按照我们对其现有的理解，不管它以什么面目出现，都会以数字货币或者数字资产为主来进行支付，那么数字货币或数字资产市场就变得尤为重要。一方面，企业通过在这个市场上采购生产要素才能够组织大规模的协作、生产以及创新研发，创造价值；另一方面，它的重要性还体现在我们每一个生活在社会里的个体和家庭，我们的收入将由这个市场决定。换句话说，能在这个市场上挣多少钱，取决于能够在要素市场上提供哪些要素，以及提供多少要素。

现在消费者在互联网上采购产品与服务，即用微信钱包、支付宝在京东、淘宝平台上买东西，主要都是消费场景，包括在互联网上浏览新闻，也是以前的媒体市场数字化的转型。互联网的发展使产品市场发生了天翻地覆的变化。但是回过头来看要素市场，其实变化没有那么大，我们还是朝九晚五地到一个公司上班，然后结成一个固定的劳动合同关系，甚至我们整个社会的一系列劳动契约、劳动关系都是基于这样比较静态的关系来创建的。

我们再看数字货币，不管是Facebook的Libra，还是央行数字货币，按照现在的描述，主要还是在消费市场发挥作用。如果是这样的话，它们最多也是海外版的微信钱包和支付宝，或者说是在国内跟微信支付、支付宝抢地盘，数字货币的意义有限。

我们更关心的是数字货币在要素市场能不能发挥作用，央行等监管机构会扮演怎样的角色。在这里我大胆提出一个假想：在数字经济的新阶段，我们的重点是要素市场的数字化，它的特点就是企业在互联网上可以直接通过数字化手段，包括数字货币、数字通证、数字资产，从家庭手里采购生产要素，这些生产要素不仅包括物质化的生产要素，还包括知识、技术、劳动、数据、创意等所有生产要素。

二、数字化要素市场的十大特点

如果这个情况确实发生了，或者说我们认为现在正在发生，要素市场会有如下十个特点：

第一个特点，它必然是以数字货币和数字资产为媒介。因为它的采购行为是发生在数字化网络上的，只能以数字对象为媒介。

第二个特点，它必然会以可信数据为基础。数据这个生产要素本身，除了可以直接在网上流动之外，还可以直接采购其他的生产要素，比如劳动、土地、资本、技术、知识、管理这些生产要素。但这些要素都必须在数字化以后，才能够被企业在数字化的要素市场里采购。换句话说，本质上在数字化要素市场里面，只采购数据这一种生产要素。但是数据这一种生产要素有一个神奇的能力，就是它能表达其他的要素。

因此，只要我们以一种可信的方式用数据来表达其他的要素，就可以将其他所有的生产要素都折叠到数据里面来，然后变成数字资产，在数字化要素市场里面进行自由交易。这与我们过去用证券、票据来表达要素是一样的，比如，原来土地的交易通过买卖地契，这个地契在本质上其实是一张纸，而股票交易是将公司所有权证券化以后再交易。所以，未来我们会用数据来表达所有的生产要素，然后再在数字化的生产要素市场里进行交易。

第三个特点，从上面的第二点可以推出一个结论，就是区块链一定是这个数字化要素市场当中的一个核心基础设施。因为目前只有区块链能够以很低的成本，用数字资产来表达其他要素，并且能够以很低的成本来验证这些数据的可信性，而没有其他的技术能够在成本上达到像区块链这么低。但还有一个更重要的理由，就是虽然现在数字资产市场规模很小，还发生过暴跌现象，几乎暴跌了50%，但是在这个市场里面已经形成了一个规矩，即如果数字资产不是在区块链上创建和发行的，不是在区块链上流转的，大家是不接受、不认可的。因此我们得出一个结论，区块链在这个数字化要素市场当中，一定是一个核心的基础设施。

第四个特点，这个市场发展是有先后顺序的，一定是容易可信的数字化要素先发展起来。比如说最近有一个项目在国际上提得比较多，叫作 Basic Attention Token（基本注意力代币），它其实就是在浏览器层面获取用户的行为数据，然后再推送广告。正是因为用户的浏览行为比较容易进行被数据化，比较容易进行可信数字化，所以它才能比较早地进入要素市场。这个跟亚马逊当年从书开始做电商，以及互联网首先是从媒体开始做起来是一个道理，一定是从最容易的地方入手。

第五个特点，数字化要素市场一定需要丰富多彩的数字资产和通证。在数字化要素市场上，我们并不关心数字货币一定是法定数字货币还是由一个组织发行的机构数字货币，抑或是私人数字货币，我们更关心的是在数字货币市场里是否会迅速出现一个或者几个赢家，能够提供稳定的、流动性好的数字货币，为我们的生活提供便捷。谁能够提供这样的数字货币，并且基础设施足够先进发达、性能够高，可以支持非常丰富和安全的智能合约或者是应用开发能力，我们就会在这一货币形式上面去构造非常丰富多彩的应用，然后在这些应用里面，帮助企业采购生产要素。

在构造这些应用的过程当中，我们势必会创建各种各样的数字资产和通证，因为我们要用数字资产和通证来表达各种要素、多种价值的组合方式，所以数字货币其实只是其中的一个基础，但它是一个至关重要的基础，有了它，我们才能够继续往上走。

第六个特点，数字化要素市场肯定是分布式、高度动态化的。因为既然要素的采购已经在网络上发生了，我们就不需要非得签订劳动合同，无须在规定的时间、规定的地点提供劳动生产要素，而是可以随时随地提供生产要素，随时随地获得收入。家庭、个人和企业都可以随时随地采购自己需要的生产要素。这会带来两个后果：

第一个后果，生产组织的边界消失了，形态也发生变化；第二个后果，收入分配的模式改变了，大家未来手里能挣多少钱、能有多少财富，可能很大程度上取决于在这个市场上的表现。我们熟悉的传统的中心化的、很多人紧密协作的组织会出现小型化。但是很多小型和微型的组织，会通过网络连接起来，再进行大规模的协作。这个事情很有意思，随着这个组织的小型化甚至原子化，他们的协作反而有可能达到史无前例的大规模和高水平。

第七个特点，数字化生产要素会和金融、资本市场结合。因为资本本身就是一种生产要素，甚至可能是最重要的生产要素。融资行为本身就是厂商在要素市场上采购资本要素这个过程，这个过程如果数字化以后，它们就是数字金融。所以单纯从规模上来讲，数字化要素市场的规模，会比互联网发展出来的电商这种现货市场大很多倍。但是这个过程的发展速度是取决于监管的。

第八个特点，数字化要素市场会有很多新的玩法，这是传统要素市场打破头也想不到、做不到的。举两个例子：第一个是"Sablier"项目，这个项目是一个新的以太坊应用，它可以按照预先设定的规则，给员工不间断地发工资。它可以按分钟来发工资，哪怕只为这一家公司工作 1 分钟，也能获得相应的收入;第二个是"Gusto"项目,它是一个薪酬福利应用,不仅可以处理薪酬福利,还可以处理税务业务。关键是这些项目每个人各做一部分,做完之后它像乐高积木一样,很容易地组合起来。比如 Sablier 和 Gusto 是可以组合起来的,然后可以再跟保险应用、银行应用组合起来。

现在我们给这个东西起了一个名字,叫作"FinOps",已经有一些公司在提供这种叫作"财会乐高全家桶"的全栈服务。这种能力是前所未有的,虽然现在公链性能还很低下,但是任何人只要看到这样的一个应用,就知道它是刚性的优势,它代表着未来。

第九个特点,基于区块链的数字化要素肯定是全球化的,而且它的全球化程度是前所未有的,会完全跨越文化边界、地域边界、组织边界,包括国家主权的边界。到那个时候我们就面临一个矛盾,这个完全整合的市场将不同于现实世界当中的国家,各个国家之间还存在博弈、竞争。

第十个特点,这将给监管带来很大的挑战。我们关注的主要是机遇,但机遇同样带来了风险和规避风险的责任,数字化要素市场同样需要监管,区块链、大数据、人工智能、物联网也为这个市场的监管提供了新的手段。政府应该积极地推动数字化要素市场监管技术的发展。

最后,我总结一下此次疫情对于数字化要素市场的影响。一方面,有着有利的影响,这次疫情大大加速了远程办公行业的发展,疫情之后可能各个国家都会积极地推动这个模式,有利于数字化要素市场发展,因为远程办公本质上就是在网络上采购劳动这个要素。但是另一方面,现在全球化发展出现分化和碎片化的局面,而数字化要素市场又是一个天然全球整合的市场,因此这种分化和碎片化,以及大国竞争,对这个市场发展可能有不利的一面。

所以数字化要素市场到底怎么发展我们也不知道,可以拭目以待。但是从中长期来讲,我们对这个事情是有信心的,这个趋势是无法阻挡的。在新冠肺炎疫情期间,美国、日本、韩国等国家的监管当局都做出了一些有利于去中心化数字经济发展的决策。因此我们认为数字货币经济是未来,前途是光明的,我们只是希望道路不要那么曲折。

图书在版编目（CIP）数据

数字货币蓝皮书（2020）/ 朱嘉明, 李晓主编.
—北京：中国工人出版社, 2020.10
ISBN 978-7-5008-7498-0

Ⅰ.①数… Ⅱ.①朱… ②李… Ⅲ.①数字货币—研究 Ⅳ.①F713.361.3
中国版本图书馆CIP数据核字（2020）第196212号

数字货币蓝皮书（2020）

出 版 人	王娇萍
责任编辑	孟 阳 左 鹏
责任印制	黄 丽
出版发行	中国工人出版社
地 址	北京市东城区鼓楼外大街45号 邮编：100120
网 址	http://www.wp-china.com
电 话	（010）62005043（总编室）
	（010）62005039（印制管理中心）
发行热线	（010）62005996 82029051
经 销	各地书店
印 刷	天津嘉恒印务有限公司
开 本	880毫米×1230毫米 1/32
印 张	10
字 数	220千字
版 次	2021年1月第1版 2021年1月第1次印刷
定 价	68.00元

本书如有破损、缺页、装订错误，请与本社印制管理中心联系更换
版权所有 侵权必究